GINETTE RAVEL

La cuisine du cœur

«LES MEILLEURES RECETTES DE MES AMIS»

COUVERTURE

- conception
  maurice mailhot P.I.G.
- photo
  daniel poulain

MAQUETTE INTÉRIEURE

guy permingeat

Ginette Ravel

La Cuisine du Coeur

les meilleures recettes de mes amis

Editions de Mortagne

édition: les Editions de Mortagne

distribution: Les Presses Métropolitaines Inc.
175, boul. de Mortagne
Boucherville, Qué.
J4B 6G4
Tél.: (514) 641-0880

dépôt légal: Bibliothèque Nationale du Canada
Bibliothèque Nationale du Québec
2e trimestre 1982

ISBN 2-89074-042-0

Ce livre est dédié
à tous mes amis participants

Un merci spécial à:
Jocelyne Tanguay
Suzanne Vézina
Sonia Kazazian
et
Claudette Nadeau

pour leur précieuse collaboration

TABLE

Steve Schmidt

STEVE SCHMIDT

Le 31 mai 1957, naît à Montréal, de parents allemands, mon bel ami (je suis certaine que tout le monde sera d'accord avec moi lorsque j'emploie cet adjectif...) Steve Ernest Schmidt.

Il passe son enfance à Gagnonville, ensuite à Tracy, près de Sorel. Ses études secondaires terminées, il entre en administration au Cegep Dawson, puis, poursuit ses études universitaires à l'Université McGill où il obtient un baccalauréat en finance.

Malgré sa formation dans le domaine des affaires, ainsi que sa carrière actuelle dans la vente industrielle, sa passion pour le domaine artistique (dessin, musique) ne le quitte pas. Il joue merveilleusement bien de la batterie et ce, depuis l'âge de treize ans. Le rock progressiste et le jazz font partie de sa vie.

Pour ce qui est du dessin, c'est inné en lui. Le dessin animé au plomb et à l'encre de Chine l'intéresse au plus haut point.

Lorsque je lui ai proposé d'illustrer avec un dessin amusant, un plat de chacun de mes amis, Steve a été emballé et s'est mis au travail immédiatement.

Je vous avoue en toute franchise, qu'en plus d'avoir bien rigolé à chacun de ses dessins, j'ai trouvé en Steve un garçon merveilleux.

A travailler ensemble, notre amitié s'est solidifiée. Steve a toutes les qualités que j'apprécie: toujours à l'heure, perfectionniste, joyeux, serein..., c'est un garçon qui rayonne.

On ne peut pas ne pas l'aimer... et je sais qu'à votre tour, vous apprécierez le travail qu'il a fait sachant qu'il y a mis tout son cœur...

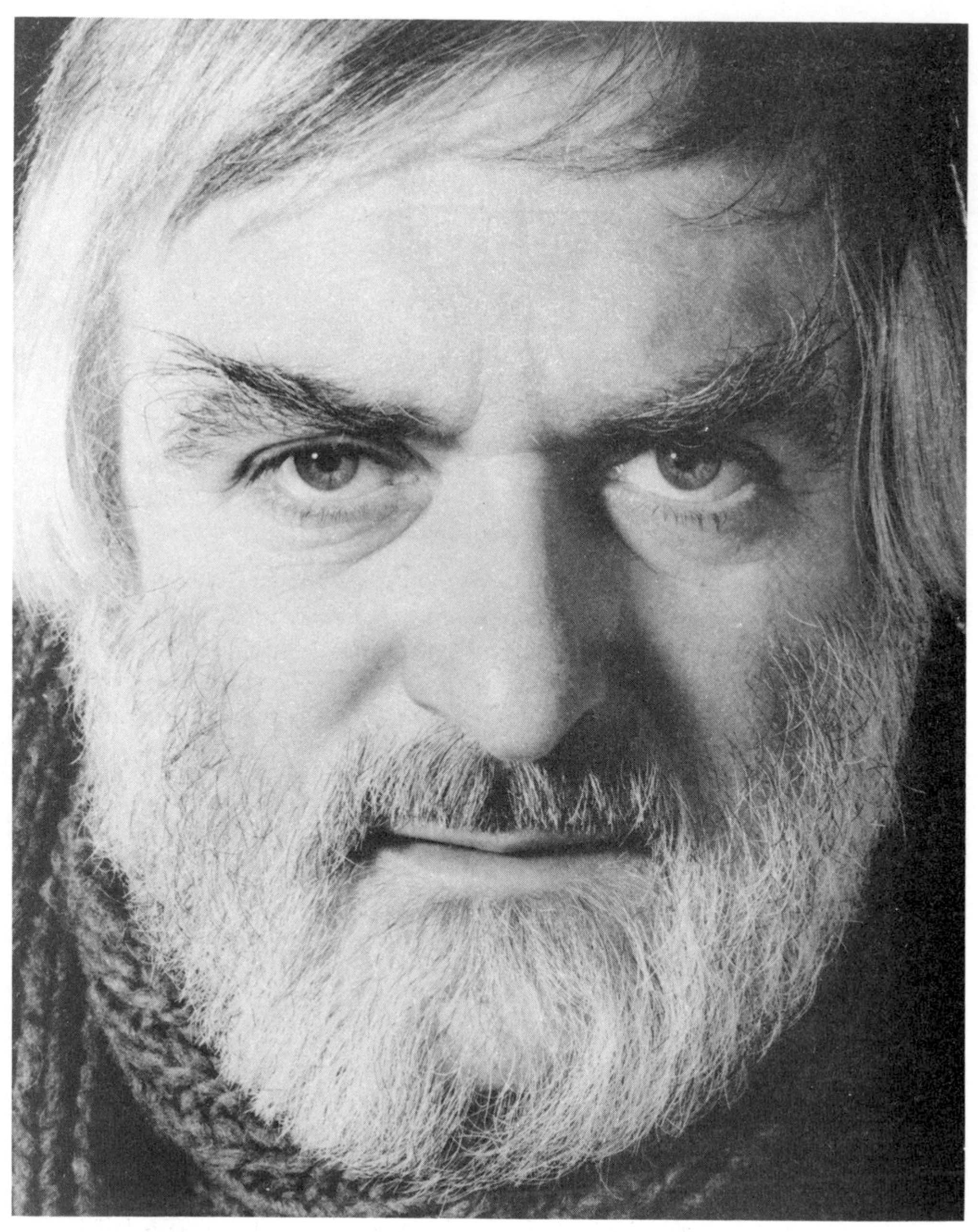

Jacques Languirand

JACQUES LANGUIRAND

Quel gars formidable!... La première fois que je le vis entrer chez lui, j'étais déjà confortablement installée dans son salon, sa bonne humeur m'épata. Je l'ai écouté parler toute la soirée et Mon Dieu, que je le trouvais intéressant... Ce fut notre première rencontre.

Quelques semaines plus tard, Jean E. Charon étant de passage à Montréal, j'appelle Jacques pour l'inviter à déjeuner (au restaurant...) afin de lui présenter Jean. Je savais qu'ils s'entendraient à merveille. Ce déjeuner s'étant organisé tellement subtilement, rapidement, je dirais presqu'à leur insu, Jacques me dit en entrant chez moi: «Je vais t'appeler le «Syndicat d'Initiative de Westmount» toi...» Et nous voilà assis à la table du restaurant «Le Paris»...

Le jour de mon anniversaire, le premier téléphone que je reçois est de Jacques. Il m'a dit des choses tellement merveilleuses ce matin-là, qu'il pourrait me faire les pires vacheries tout le reste de sa vie, je ne lui en voudrais pas pour un sou... Je dis ça en blaguant bien sûr... je sais qu'il en serait incapable...

C'est un homme Beau, Grand, Magnifique,
c'est un homme que j'aime...

C'est un homme Honnête, Sincère, Vrai,
c'est un homme que je n'oublierai jamais.

Jacques Languirand est végétarien. Il précise: «Ovo-lacto-végétarien, c'est-à-dire que je mange des œufs, des produits laitiers... et même du poisson et des crustacés. J'ai coupé la viande par goût surtout. Mais il ne faut pas en faire un dogme. Je pense toutefois qu'en général on mange trop de viande et de gras animal: la viande rouge la plus maigre contient malgré tout au moins 40% de gras... On a intérêt à diminuer la consommation de viande. Ça oblige à une plus grande invention culinaire. Le plus difficile, c'est de trouver des plats principaux qui ne soient ni trop «granola», ni trop «flyés»... D'où la recette d'aubergine que voici... Bon appétit.»

IMAM BAYILDI («le prêtre s'évanouit»).

Il existe plusieurs variations de cette recette iranienne, qui constitue un genre de ratatouille.

La légende veut qu'ayant goûté de ce plat, et l'ayant trouvé tellement délicieux, le prêtre s'évanouit...

AUBERGINE (IMAN BAYILDI)

(4 personnes)

1 aubergine moyenne
2 tomates moyennes pelées et évidées
2 oignons moyens
4 c. à soupe d'huile végétale
2 gousses d'ail émincées
1 feuille de laurier
1 bâton de cannelle
¼ de tasse de persil haché fin
½ c. à thé de sel
poivre du moulin au goût
8 olives noires
8 filets d'anchois

- Enlever la tige de l'aubergine et la peler.
- La couper en deux dans le sens de la longueur.
- L'évider de sa chair au 3/4 de manière à former comme deux récipients.
- Couper la chair en dés, conserver.
- Couper les oignons en rondelles, les faire revenir dans l'huile jusqu'à transparents.
- Ajouter les dés d'aubergine et laisser fondre.
- Ajouter les tomates en rondelles et laisser cuire 10 minutes à feu doux.
- Ajouter l'ail émincé, la feuille de laurier, le bâton de cannelle, le persil haché fin, le sel et le poivre.
- Laisser cuire encore 10 minutes à feu doux.
- Enlever le bâton de cannelle et la feuille de laurier.
- Farcir les deux moitiés d'aubergine.
- Placer le tout dans un plat huilé allant au four.
- Cuire au four préchauffé à 350°F (175°C) pendant 1 heure.
- Au moment de servir, garnir avec les olives noires et les filets d'anchois.

On peut servir ce plat avec du riz aux herbes ou persillé.

Lise Payette

LISE PAYETTE

Eh bien non... ce n'est pas celle que vous pensiez... Toute mince, toute menue, elle a sa propre personnalité: les yeux vifs et intelligents, le sourire généreux, un cœur d'or et des doigts de fée...

Elle me tricote des gilets et des écharpes «avec amour» dit-elle... chaque maille tricotée fait partie de la longévité de notre amitié.

C'est avec elle que j'ai découvert et aimé Ogunquit. Ogunquit et Perkin's Cove où je peux compter de nouveaux amis... dont Ted Jaslow, ce grand artiste peintre du New Jersey qui me demanda la permission de faire mon portrait la première fois qu'il me vit entrer dans sa galerie.

Sur Lise, je peux compter. J'en ai eu la preuve maintes fois depuis une dizaine d'années déjà.

Et combien de fois m'a-t-elle invitée à sa table... je peux vous dire que je suis une enfant choyée des dieux... parce que tout ce qu'elle touche est succulent...

Je suis vraiment très heureuse de pouvoir vous offrir ces quelques recettes de mon amie Lise, je suis assurée que vous en serez ravis vous aussi...

Essayez-les... et Bon Appétit!!!

P.S. Si vous goûtez son gâteau moka, vous penserez à moi...

AVIS

Il est bien entendu que ces recettes ne sont pas de mon cru, mais bien des trésors de gastronomie glanés ici et là. Certaines cependant ont été améliorées ou simplifiées.

Lise B. Payette

POIREAUX GRATINÉS

1 boîte de poireaux* (28 onces)
1 enveloppe de sauce hollandaise
1 tasse de fromage parmesan râpé

Egoutter les poireaux en pressant dessus avec une cuillère. Les déposer dans des plats à gratin individuels (deux dans chaque plat). Préparer la sauce selon la recette indiquée sur l'enveloppe et verser en parts égales dans chaque plat. Saupoudrer de fromage râpé et mettre au four à 450°F quinze minutes ou jusqu'à ce que le fromage soit légèrement coloré.

(Pour cinq personnes.)

* On peut utiliser des poireaux frais et les faire cuire 30 minutes dans l'eau salée en s'assurant bien de les égoutter à fond avant de les déposer dans les moules à gratin.

VICHYSSOISE

4 poireaux
4 pommes de terre
1/4 t. beurre
4 cubes de bouillon de poulet
sel et poivre au goût
1 tasse de lait
1 tasse de crème
3 c. à soupe de ciboulette hachée

Trancher les poireaux et les pommes de terre. Mettre dans une casserole et couvrir d'eau. Amener à ébullition et cuire 30 minutes. Ajouter le beurre et les cubes de bouillon. Passer au mélangeur jusqu'à ce que le mélange soit en purée. Saler et poivrer; ajouter le lait et la crème jusqu'à l'obtention d'une crème légère. Ajouter la ciboulette et refroidir une journée.

BŒUF BOURGUIGNON

2½ livres de croupe de bœuf
2 cuil. à table de beurre
1 cuil. à table d'huile
1 cuil. à table de farine
2 cuil. à thé de sel
¼ de c. à thé de poivre
1 gousse d'ail hachée finement
2 tasses de bourgogne rouge
eau
1 bouquet céleri (2 branches)
2 branches de persil
1 petite feuille de laurier
1 pincée de thym
6 tranches de bacon en dés
12 petits oignons blancs
2 cuil. à table de beurre
½ livre de champignons frais, tranchés
2 c. à thé de jus de citron
persil haché

Mettre le four à 350°F. Couper le bœuf en cubes de 1½ pouce en le débarrassant du gras. Chauffer 2 c. à table de beurre et l'huile dans une rôtissoire ou une casserole épaisse pouvant aller au four. Ajouter les cubes de viande et faire brunir de tous les côtés. Saupoudrer la farine et cuire en brassant jusqu'à ce que la farine soit brunie. Ajouter sel, poivre, ail, vin et suffisamment d'eau pour couvrir la viande. Chauffer jusqu'à ébullition.

Attacher ensemble le céleri et le persil. Ajouter à la viande, ainsi que la laurier et le thym. Couvrir hermétiquement et cuire au four pendant environ 2 heures ou jusqu'à ce que la viande soit tendre. Retirer céleri, persil et laurier.

Cuire le bacon dans une poêle épaisse jusqu'à ce qu'il soit doré et croustillant. Ajouter les oignons et cuire à feu doux en brassant jusqu'à ce qu'ils soient dorés. Retirer oignons et bacon de la poêle à l'aide d'une cuillère perforée et ajouter à la préparation. Cuire 15 minutes.

J. Schmidt

Chauffer 2 c. à table de beurre dans une poêle; ajouter les champignons et le jus de citron et cuire à feu doux pendant 2 minutes. Ajouter à la préparation, de même que le persil haché et servir immédiatement.

(6 portions)

MÉDAILLONS DE PORC (FILETS)

2 ou trois filets de porc
1 gousse d'ail
paprika
2 c. à soupe de beurre
1 tasse de champignons frais, tranchés mince
3 c. à soupe de vin blanc
sel et poivre
½ c. à thé de sarriette
1 c. à soupe de farine
½ tasse de crème légère

Ficeler ensemble les filets de porc et les frotter de tous côtés avec la gousse d'ail; saupoudrer de paprika.

Fondre le beurre dans une casserole avec couvercle; faire dorer les filets à feu modéré; ajouter le vin, le sel, le poivre et la sarriette. Couvrir et laisser mijoter une heure ou jusqu'à ce que les filets soient tendres.

Faire revenir les champignons dans le beurre et laisser en attente. Mélanger la farine avec la crème. Lorsque les filets sont cuits, les retirer et garder chaud. Ajouter la crème à la sauce en remuant et en grattant la casserole jusqu'à ce que la sauce soit légère. Vérifier l'assaisonnement; ajouter les champignons.

Couper les filets en médaillons et verser dessus la sauce à la crème. Servir immédiatement.

CASSEROLE DE BŒUF HACHÉ ET POMMES DE TERRE

Pour quatre personnes:

Brunir 1 livre de bœuf haché dans
2 c. à table de beurre.
Ajouter une boîte de tomates (16 onces),
1½ c. à thé de sel,
¼ c. à thé de poivre,
1 c. à thé de sauce Worchestershire;
amener à ébullition.

Pendant ce temps, dans une casserole allant au four,
étendre trois tasses de pommes de terre tranchées mince,
1 tasse de céleri tranché,
1 tasse de champignons tranchés et
1 tasse d'oignons tranchés.

Verser sur le tout la préparation de bœuf. Couvrir et cuire à 350°F une heure et quart.

GRATIN DE FRUITS DE MER

12 onces de pétoncles congelés
½ c. à thé de sel
1½ tasse de lait
½ livre de crevettes cuites (petites)
¼ de livre de champignons frais tranchés
6 c. à table de beurre ou de margarine
1/3 de tasse de farine
3/4 à 1 tasse de parmesan râpé
1 verre de vin blanc

Chauffer ensemble le lait et le sel dans une casserole jusqu'à frémissement. Ajouter les pétoncles décongelés et chauffer sans bouillir jusqu'à ce qu'ils soient cuits (3 à 5 minutes). Egoutter en réservant le lait.

Dans 2 c. à table de beurre, faire revenir les champignons (dans une casserole moyenne); les retirer avec une cuillère perforée; incorporer le reste du beurre et faire fondre. Ajouter la farine et brasser au fouet en ajoutant le lait graduellement. Cuire en fouettant jusqu'à épaississement. Saler et poivrer au goût. Incorporer les pétoncles, les crevettes et les champignons. Ajouter le vin. Mettre dans une casserole allant au four et couvrir avec le fromage râpé. Cuire dans un four à 375°F 20 à 25 minutes ou lorsque le gratin est doré.

Servir sur riz ou vol-au-vent.

TARTE MARBRÉE

1/2	t. sucre
1	enveloppe de gélatine en poudre
1/4	c. à thé de sel
1 1/3	t. lait
3	jaunes d'œufs
1	c. à thé vanille
2	carrés de chocolat à cuisson non sucré, fondu
1/4	c. à thé essence d'amandes
	colorant végétal jaune
3	blancs d'œufs
1/4	c. à thé crème de tartre
1/2	t. sucre
1/2	tasse de crème double (35%)
1	croûte de tarte de 9 pouces de diamètre

Mêler dans une casserole moyenne ½ t. de sucre, la gélatine et le sel. Battre ensemble légèrement le lait et les jaunes d'œufs. Ajouter à la gélatine et au sucre et cuire à feu moyen en brassant constamment jusqu'à ébullition.

Retirer du feu et mettre la casserole dans un plat d'eau glacée; refroidir jusqu'à ce que le mélange garde un peu sa forme quand on le remue à la cuillère. Retirer de l'eau glacée, ajouter vanille et brasser.

Faire deux parts du mélange. Ajouter le chocolat fondu à l'une d'elles, l'essence d'amandes et quelques gouttes de colorant jaune à l'autre. Battre en mousse les blancs d'œufs auxquels on aura ajouté la crème de tartre. Ajouter ½ t. de sucre, petit à petit en battant après chaque addition. Continuer à battre jusqu'à ce que la meringue soit ferme et brillante.

Ajouter la moitié de la meringue à chacun des deux mélanges à la gélatine. Fouetter la crème bien ferme et en ajouter la moitié à chacune des deux préparations.

Déposer dans la croûte, par grosses cuillerées, en alternant la gelée pâle et la foncée (comme on le fait pour un gâteau marbré). Passer une spatule de caoutchouc dans le mélange, une ou deux fois, pour produire un bel effet marbré.

Réfrigérer pendant au moins 2 heures ou jusqu'à ce que ce soit ferme.

BISCUITS «ALL BRAN»

1/4 tasse son
1/2 tasse lait sûr
1/4 tasse saindoux
1/2 tasse sucre
1 œuf
3/4 tasse farine tamisée
1 1/2 c. à thé poudre à pâte
1/2 c. à thé sel
1/4 c. à thé soda
1/3 tasse cacao
1/4 c. à thé vanille

Détremper le son dans la lait. Crémer saindoux et sucre; ajouter l'œuf battu; bien mélanger. Tamiser ensemble poudre à pâte, sel, soda et cacao. Ajouter les ingrédients tamisés, en alternant avec le son, au mélange crémeux. Aromatiser. Déposer dans de petits moules à gâteaux individuels, et cuire à four modéré (350°F) environ 12 minutes.

GLAÇAGE SUCRE À LA CRÈME

1 tasse sucre brun
1 tasse sucre blanc
1 tasse lait ou crème
1 c. à table de beurre
1 c. à thé vanille

Mettre dans une casserole le sucre brun, le sucre blanc et le lait. Amener à ébullition et cuire en brassant de temps à autre jusqu'à ce que le mélange forme une boule molle dans l'eau froide (238°F). Enlever du feu, laisser refroidir cinq minutes en mettant le chaudron dans l'eau froide mais auparavant ajouter beurre et vanille; battre jusqu'à ce que le sucre tende à devenir crémeux. Glacer immédiatement les biscuits.
Note: si le sucre a tendance à durcir, ajouter quelques gouttes de lait et battre à nouveau jusqu'à consistance désirée.

DOIGTS DE CHOCOLAT AU GRUAU

Base de gruau

½ tasse de graisse
1 tasse de sucre brun bien tassée
1 œuf
½ c. à thé de vanille
3/4 de tasse de farine tout usage
½ c. à thé de soda à pâte
½ c. à thé de sel
2 tasses de gruau à cuisson rapide
½ tasse de noix hachées (facultatif)

Préparation de chocolat

6 onces de chocolat semi-sucré (chipits)
1 c. à table de beurre ou margarine
1/3 de tasse de lait condensé sucré
¼ de c. à thé de sel
½ tasse de noix hachées
1 c. à thé de vanille

Préparation:

Graisser un moule de 9 x 9 pouces. Dans un bol de grandeur moyenne, battre la graisse et le sucre pour bien mélanger. Ajouter l'œuf et la vanille. Bien battre (avec malaxeur ou cuillère en bois).

Tamiser la farine avec le soda et le sel; ajouter au mélange et bien brasser. Avec la cuillère de bois, incorporer le gruau et les noix.

Mettre de côté 1 tasse du mélange pour mettre le dessus. Avec les doigts, presser le reste dans le moule. Etendre uniformément.

Laisser en attente.

Chauffer le four à 350°F.

Dans une petite casserole, combiner le chocolat, le beurre, le lait et le sel. Cuire en brassant sur feu doux jusqu'à ce que le chocolat et le beurre soient fondus. Retirer du feu; ajouter les noix et la vanille.

Etendre la préparation de chocolat sur la première préparation. Emietter la tasse du mélange mis de côté sur le chocolat.

Cuire 25 minutes ou jusqu'à ce que la surface soit légèrement dorée.

Refroidir complètement et faire 24 doigts.

GATEAU MOKA

Pâte genoise:

4 blancs d'œufs
4 jaunes d'œufs
1 tasse de sucre
1 c. à thé de jus de citron
3 c. à table d'eau
1 tasse de farine à gâteau
1/8 c. à thé de sel

Monter les blancs en neige, y ajouter graduellement la moitié du sucre. Avec le même batteur, fouetter les jaunes jusqu'à ce qu'ils soient pâles et mousseux; y ajouter le jus de citron, l'eau, le reste du sucre, graduellement, puis la farine et le sel. Verser ce mélange sur les blancs en pliant la pâte. Verser la pâte dans un moule non graissé de 9 pouces par 9 pouces; cuire environ 30 minutes à 350°F ou jusqu'à ce qu'une pression du doigt sur le gâteau ne laisse aucune empreinte. Refroidir et démouler le gâteau. A l'aide d'un couteau dentelé, trancher le gâteau sur la hauteur pour en faire trois étages (ou plus si désiré). Laisser en attente et préparer le glaçage.

Glace Moka:

5 c. à table de beurre
2 livres de sucre en poudre
4 c. à café de café instantané
1 tasse d'eau bouillante

Défaire le beurre en crème; mettre le café instantané dans l'eau bouillante et brasser; ajouter au beurre le sucre à glacer et le café en alternant, jusqu'à consistance mi-épaisse. Etendre une légère couche de glace sur la première tranche du gâteau; placer la deuxième tranche sur la première; glacer et ainsi de suite jusqu'à ce que le gâteau soit constitué; glacer les bords et le dessus.

Décoration:

Faire fondre 1 tasse de sucre granulé dans une petite casserole sur feu doux et caraméliser jusqu'à ce qu'il devienne brun doré. A l'aide d'un couteau, prendre ce sucre en petite quantité et décorer le gâteau selon ses fantaisies. Note: si le sucre devient trop épais, le chauffer légèrement sur feu doux.

Jean E. Charon

La statue de Chahrayar Baghdad

JEAN. E. CHARON

«Ainsi, pour que l'homme devienne ce qu'il est au fond de sa chair, c'est-à-dire une créature ayant la conscience d'être porteuse, avec tout le reste de la création, de l'Esprit du monde, il lui suffit de tendre la main pour cueillir ces fruits merveilleux que le Seigneur Dieu a placés, bien en évidence, «au milieu» même du jardin d'Eden: les fruits de l'Arbre de Connaisance et ceux de l'Arbre de Vie.

Les fruits de ces arbres nous invitent à nous tourner plus souvent vers cette voix inconsciente intérieure que chacun de nous porte en lui, car cette voix saura, si nous sommes capables de l'entendre, nous fournir cet immense recul enjambant le passé qui conférerait à nos actes présents plus de lucidité et plus de sagesse et nous aiderait à mieux choisir l'avenir.

Car souviens-toi, ami ou amie qui me lis, ce n'est pas tant qu'il soit difficile à ton Esprit de «faire» le monde, mais bien plutôt qu'il est difficile pour toi, comme pour tes éons d'ailleurs, de discerner ce que tu souhaites *que ce monde soit. La Connaissance et l'Amour seront capables d'élever toujours plus ton niveau de conscience,* mais garde-toi le temps suffisant de Réflexion, *afin de mieux préparer tes Actes. Ne te hâte pas, tu as tout ton temps, cette vie n'est pas la seule qui verra ta participation à l'évolution spirituelle du monde. Le fruit de l'Arbre de Vie t'a permis d'affronter la Mort, et de la défaire. Ta vie terrestre vient s'insérer dans la continuité d'une grande Vie; cette vie terrestre n'est donc ni trop courte, ni trop longue, quelle que soit sa durée; elle n'est faite ni pour courir sans penser, ni pour penser sans agir: elle est seulement faite pour être* vraiment *vécue. Vivre c'est faire un pas de plus en avant sur le chemin d'où nous venons, qui a commencé aux premiers âges de l'Univers.*

N'aie aucune impatience, il viendra toujours le temps de ce que tu as choisi, car c'est toi et toi seul qui, avec ton Esprit, inventeras et donneras existence à cet Univers que tu souhaites voir éclore. Et tu possèdes l'éternité devant toi pour enfanter ce monde qui sortira de ton Esprit, et le Vivre.»

JEAN E. CHARON

«MORT voici ta défaite» éd. Albin Michel.

Et il terminera son chapitre intitulé: «Plaidoyer pour une évolution copernicienne» dans «L'Esprit, cet inconnu» en écrivant:

«Si tu es un sage tu sauras entendre le premier souffle de la vie qui se prépare sous la roche, tu connaîtras la joie du brin d'herbe qui se dresse vers le soleil dans la rosée du matin, ou l'euphorie de la biche qui court sur les sentiers de la forêt. Tu

sentiras tout cela car tu as déjà vécu tout cela, tout cela est pour jamais inséré au fond de la mémoire de ces microscopiques espaces-temps de l'Esprit qui forment ton corps, et portent ton «Je».

Jean E. Charon, physicien-théoricien, philosophe et spiritualiste, était un de nos conférenciers venu de France, lors du 2e Symposium Esotérique à Montréal les 1er, 2 et 3 mai 1981.

Nous nous sommes aimés intantanément. «L'Amour est ce langage silencieux qu'on éprouve sans le comprendre»... écrit-il dans «Le monde éternel des Eons», éd. Stock. Quelques jours après, il quittait le Canada avec mon dernier disque et mes livres.

Un mois plus tard, alors que je m'étais retirée au bord de la mer, à Ogunquit, Maine, U.S.A., je recevais une carte de Bagdad représentant Sheherazade et la statue de Shahrayar:

La carte disait ceci:

Sheherazade-Ginette — *«Je suis montée vers des cimes pleines de soleil et de neige, mais j'ai aussi connu le sable et les ténèbres des abîmes les plus profonds. Tout est bien puisque, finalement, mon destin est celui qui a été choisi par moi, et que moi aussi j'ai choisi, et que tout est POUR LE PLUS.*

Shahrayar-Jean — *«Ton histoire est merveilleuse. Je voudrais que tu me la chantes encore, au cours des mille et une nuits...» Ton «Ami» entre le Tigre et l'Euphrate, Jean E. Charon.*

C'est bon et sécurisant de savoir que nous ne sommes pas seuls, que quelqu'un, quelque part à travers le monde, pense à vous. Merci Jean, de ton amitié fidèle et sincère. Comme tu le dis si bien: «Moi, c'est pour toute la Vie...»

Entre l'écriture de ses deux prochains bouquins: «J'ai vécu quinze milliards d'années» et «Relativité Complexe», vol. 2, et ses conférences données en pays étrangers, Jean a bien voulu nous offrir sa recette préférée «Les Cailles Cosmos» que notre ami Steve Schmidt s'est amusé à caricaturer.

Bon Appétit à tous!

J. Schmidt

CAILLES COSMOS

Ingrédients:

250 g. de riz
50 g. de beurre
75 g. d'oignons
2 fois ½ le volume de riz de bouillon (ou d'eau)
100 g. de gruyère ou
60 g. de parmesan
3 belles tomates.
4 cailles
75 g. de beurre
½ cuillère à café de sel
1 pincée de poivre
6 lardons maigres

Commencer par préparer un **rizzoto** au gras. Faire blondir au beurre des oignons hachés, puis y ajouter le riz. Remuer constamment. Quand le riz est devenu trouble et blanc, au lieu d'être transparent, le mouiller avec deux fois et demi son volume de bouillon. Puis assaisonner et tomater. Couvrir. Laisser cuire seulement 13 minutes, comme les Italiens, de manière à avoir des grains bien détachés. A ce moment le riz est sec tout en étant moelleux. On y ajoute hors du feu le gruyère ou du parmesan râpé.

Pendant que le riz commence à cuire, **faire rissoler 4 cailles,** au beurre et en casserole, avec 6 lardons maigres. Saler et poivrer. Quand les cailles ont pris une belle couleur dorée, les déposer sur le riz qui commence à cuire. Achever la cuisson du riz, la graisse des cailles rend le riz délicieux.

Dresser le riz en monticule au milieu d'un plat chauffé, et disposer les cailles autour.

Salutations cosmiques et...
bon appétit!

Jean E. Charon

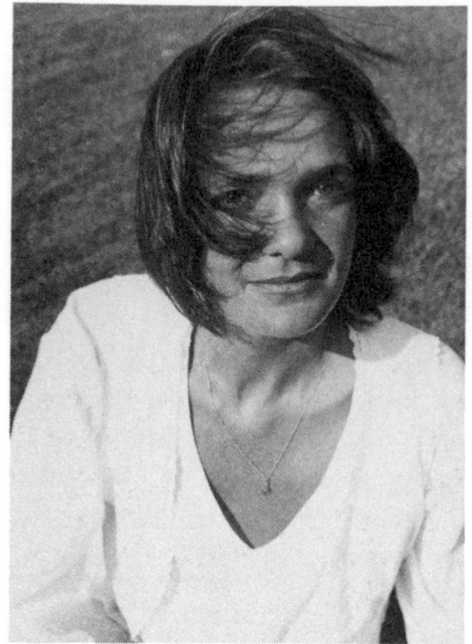

Claudette Gravel-Arindam

Jean Cedras

Claudette et son fils, Emmanuel

Jean Cedras

Ma soeur Claudette

Ma petite Fleur... ma Sœur...

Quand je relis ses lettres qu'elle m'envoyait d'un peu partout à travers le monde, Inde, Afrique, Espagne, Vancouver, etc..., c'est le nom qui me monte aux lèvres si je veux l'appeler de son nom.

Quelle sensibilité, quelle fragilité est la tienne... comme on se ressemble ma sœur... mon ange...

J'ai dit à plusieurs reprises dans des interviews que toi, tu avais fait ton «trip» aux Indes, moi dans l'alcool et les drogues, et qu'aujourd'hui on se retrouvait, capables de chanter à l'unisson la même chanson. J'entends par là que nous avons eu notre propre façon d'aller chercher et trouver notre spiritualité, mais qu'au fond, nous parlons le même langage, nous vivons la même recherche de Dieu.

Je n'ai qu'à écouter «Ma Renaissance», cette si belle chanson que tu as composée pour mon dernier album «La Vérité» et je sais que j'ai raison.

Il y avait quelques années que je n'avais reçu de tes nouvelles lorsqu'un matin d'octobre 78, une lettre de toi, expédiée du Manitoba, m'attendait au bureau de poste de Deauville, Ste-Marguerite Station:

«Un amie de Montréal m'a envoyé ton livre. Je l'ai lu d'une traite. Elle aussi d'ailleurs. Il m'a beaucoup émue. J'ai ri aux larmes à certains passages: «serin et corbeau en cage»... Tu as su mettre beaucoup d'humour pour décrire certains souvenirs assez pénibles. Comme on est loin les uns des autres même en vivant côte à côté. Je n'ai jamais su lire la douleur qui te ravageait. Peut-être étais-je trop préoccupée par la mienne...

Je suis sûre que tu vas en aider quelques-uns à reprendre courage. Même si ce n'est qu'un seul, ça aura valu la peine...»

Une fois de plus, tu étais là pour m'épauler... Mais je sais que Dieu ne t'a pas simplement créée pour m'appuyer. Tu as tellement de talents dans tous les domaines, tellement de choses à dire, tellement de dessins à reproduire. Ils sont tous là, en attente, au fond de ton cœur... et ne demandent qu'à s'extérioriser.

Peut-être l'enregistrerons-nous cet album pour enfants pour Noël? Je sais que Dieu veille sur nous.

Un jour que j'étais à Paris, je recevais une lettre de ma petite fleur. Elle était aux Indes, venait d'épouser le plus beau Hollandais de la terre, Pieter, et s'était mariée à la mode indienne avec grelots aux pieds afin qu'il l'entende venir de loin. Elle était la femme la plus heureuse qui puisse exister.

De cette union est né un fils nommé Emmanuel que j'appelle tendrement «l'enfant»... Il est, lui aussi, un des plus beaux enfants de la terre.

Mais la vie a fait que ma petite fleur dût revenir au Canada et élever son bébé du mieux qu'elle le pouvait, avec les moyens du bord.

«Prend ton petit déjeuner
J'ai mêlé la farine au lait
Aux œufs de poule
Les crêpes sentent bon
Dans la poêle de fonte
Le sirop de l'érable
Coule sur ton menton
Et j'entends tes soupirs
Lorsque tu bois ton lait
Petit garçon espiègle
Petit paquet d'amour
Et tu viens m'embrasser
Pour me dire merci»

Claudette Gravel-Arindam

Gravel ou Arindam, c'est toujours la même fille magnifique que je connais depuis qu'elle est née qui nous offre ses quelques recettes pour «petites bourses», ce qui prouve une fois de plus, sa grande générosité... Merci à toi!

«C'est l'automne
Le jardin nous offre sa macédoine
Carottes juteuses et colorées
Petits pois sucrés bien alignés dans leur gousse
Betteraves au nez caché dans la riche terre noire
Oignons aux longues queues paresseuses allongées sur le sol
Patates joufflues au fort parfum
Le maïs au long toupet effronté
Est prêt pour l'épluchette
Fais bouillir l'eau dans le chaudron
Et sors ton violon
Les amis pour la récolte
Il faut leur donner le pas
De la danse entraînante
Il faut tout mettre en pots
Confiture de carottes
Cornichons et ketchup
Il faudra plusieurs mains
Pour ramasser, faire cuire
Blanchir et congeler
Mais l'hiver peut venir
Dans la cave s'empilent les provisions
Sirop d'érable du printemps
Fraises et framboises de l'été noyées dans leur jus
Miel de trèfle et de luzerne
Miel de rose
Aujourd'hui ce sont les légumes
Qui viennent s'entasser
Près des sucreries
Il y en aura pour toutes les bouches
Gourmandes
Pour tous les appétits
Venez, amis, j'ai mis la table
Sortons le vin de cerise
Buvons à la santé
De la terre généreuse»

Claudette Gravel-Arindam

Pour recevoir beaucoup d'amis à bon prix: une petite saveur de l'Inde dans un plat bien canadien.

LES CRÊPES AUX LÉGUMES

Pour 4 personnes environ (qui ont gros appétit).

Couper en dés:
8 patates moyennes.
4 grosses carottes.
1 bte champignons frais, tranchés épais.
2 ou 3 gros oignons.

Dans un chaudron épais, mettez de l'huile pour bien couvrir le fond (environ 1/16 de pouce). Quand elle est bien chaude, ajoutez-y curry, turméric, coriandre, graines de moutarde (plus ou moins suivant votre palais), puis faites revenir les oignons.

Rajouter les autres légumes avec de l'eau à peine pour les couvrir. Laissez-les cuire à feu doux jusqu'à ce que les légumes soient tendres. Mélangez bien et laissez les légumes dans le bouillon de cuisson. C'est pourquoi il faut mettre peu d'eau afin que la fécule des pommes de terre épaississe la sauce.

Préparation pour les crêpes:
1 cuillerée à table de farine préparée par crêpe.
1 œuf pour 3 crêpes.
Suffisamment de lait pour faire un mélange lisse
et pas trop épais.

Dans une poêle de fonte (de préférence), mettez un peu d'huile. Quand elle est très chaude, étendez la préparation pour faire une crêpe mince et dorée. Mettez ensuite la crêpe dans une assiette, ajoutez sur une moitié, une bonne portion de légumes et rabattez l'autre demie par dessus. Servez chaud avec une salade verte et un bon vin rouge.

P.S.: S'il vous reste des légumes, servez-vous en le lendemain comme base de soupe en y ajoutant des tomates et de l'eau.

BON APPETIT.

Un plat vite fait qui ne coûte pas cher et qui est très nourrissant:

PATATES PILÉES AUX ÉPINARDS AVEC SAUCE BLANCHE AUX ŒUFS

Faire bouillir suffisamment de pommes de terre pour l'assemblée. Quand elles sont presque cuites, jetez dans le chaudron un sac d'épinards frais que vous aurez lavés et coupés en morceaux. (Environ 5 minutes de cuisson).

Jetez l'eau et pilez avec du beurre, des oignons crûs tranchés minces, du sel, du poivre et de la muscade fraîchement râpée au goût.

Pour une tasse de sauce blanche:

Dans un chaudron, faites fondre 2 bonnes cuillerées à table de beurre. Ajoutez un gros oignon tranché fin et faites dorer. Jetez-y 2 cuillerées à table combles de farine tout usage et brassez deux minutes. Ajoutez 1 tasse de lait, du sel et du poivre et du curry au goût. Faites cuire en remuant sans arrêt jusqu'à ce que la sauce soit lisse et épaissie. Ajoutez-y 2 œufs cuits durs par personne.

Nappez vos patates pilées de la sauce et servez.

En Inde Pieter avait trouvé cette façon d'utiliser le lait frais que nous venions d'aller chercher directement à l'étable et les œufs encore chauds du poulailler.

Claude, un ami français, m'a fait goûter à ce plat vite fait et délicieux. Depuis, je reçois mes meilleurs amis en leurs servant ce plat:

ESCALOPES DE VEAU AUX OLIVES

1 belle escalope de veau par personne.
des olives vertes dénoyautées et «dépimentées».
du romarin.
sel et poivre.
de la crème 35%.

Faire dorer les escalopes dans une poêle épaisse avec du sel, du poivre et du romarin au goût.

Retirer de la poêle et mettre dans un plat au four pour qu'elles restent chaudes.

Dans la même poêle, ajoutez les olives et la crème 35% en grattant bien le fond. Rajoutez du sel et du poivre au goût. Brassez sans arrêt jusqu'à ce que la sauce soit assez épaisse et retirez du feu. Elle devrait avoir une belle couleur beige.

Servez sur les escalopes avec du riz et un bon vin blanc frais...

Une recette apprise d'un autre Claude, français, au début de ma vie de jeune femme.

LES ROGNONS AU VIN BLANC

Rognons de veau ou de porc (1/3 de lb. par personne environ).
feuilles de laurier, sel, poivre.
champignons frais tranchés.

Enlevez la membrane des rognons, dégraissez les lobes et supprimez les canaux. Il ne reste que de belles bouchées de viande à couper.

Dans une poêle épaisse, faites chauffer de l'huile ou du beurre. Ajoutez 1 ou 2 feuilles de laurier et faites rissoler les rognons et les champignons (après les avoir salés et poivrés au goût) à feu vif en remuant constamment pendant 1 ou 2 minutes (ne pas trop cuire les rognons car ils durcissent).

Ajoutez le vin blanc (¼ de pouce dans la poêle). Prolongez la cuisson à feu moyen, en tournant souvent (de 5 à 6 minutes).

Servez avec du riz et du bon vin blanc frais.

Un dessert délicieux et vite fait.

CRÈME GLACÉE À L'EAU DE ROSE

Crème glacée à la vanille.
Eau de rose.

Dans un bol, servez une portion généreuse de crème glacée à la vanille sur laquelle vous aurez versé 2 cuillerées à thé d'eau de rose.

Vous trouvez de l'eau de rose dans les épiceries qui font de l'importation. Celle que j'ai s'appelle St-Georges et elle vient du Liban.

S. Schmidt

Une bonne **SOUPE AUX HUITRES** que j'avais faite avec l'aide de mon ami Richard pour le festival de la mer à Vancouver.

2 c. à table de beurre
2 c. à table de farine tout usage
1 oignon émincé
4 tasses de lait ou crème légère
sel et poivre au goût
curry
1 feuille de laurier
huîtres fraîches dont on découpe la dentelle très finement (car elle durcit à la cuisson) et la chair en gros morceaux

Faites fondre le beurre, mettez-y le curry au goût, le sel et le poivre. Ajoutez les oignons et faites dorer. Incorporez la farine et faites-la cuire (2) deux minutes. Ajoutez graduellement le lait et continuez la cuisson en remuant constamment jusqu'à ce que la soupe devienne bien lisse et un peu épaisse. Assaisonnez et mettez les huîtres découpées. Retirez du feu et servez avec un croûton de bon pain et une bouteille de blanc bien frais.

GATEAU AUX BANANES

Chauffer le four à 350°F
Tamisez

2¼ tasses de farine
½ c. à thé de poudre à pâte
3/4 c. à thé de soda
½ c. à thé de sel

Tamisez 1½ tasse de sucre.

Battez en crème, ½ tasse de beurre.

Ajoutez graduellement au beurre, le sucre tamisé et battez jusqu'à ce que le mélange devienne très léger. Ajoutez-y 2 œufs.

Préparez une tasse de bananes bien mûres, pilées.

Ajoutez 1 c. à thé de vanille ou de cannelle, ¼ de tasse de yogourt nature ou de lait de beurre.

Ajoutez le mélange de farine au mélange de beurre en 3 fois en alternant avec 1/3 des bananes pilées. Battez bien après chaque addition jusqu'à ce que le mélange soit crémeux. Faites cuire dans un plat beurré pendant ½ heure environ (piquez avec un cure-dent, s'il en ressort sec, c'est cuit).

Quand il est cuit et refroidi, coupez en deux et mettez entre les deux des tranches de bananes mûres.

Glacez-le avec une glace blanche:

3 c. à table de beurre non salé
½ c. à thé de vanille
un peu de sel
1 tasse de sucre à glacer tamisé.

Juste à la sortie du désert du Sahara, au Niger, il nous est venu le goût de nous sucrer le bec avec ce qu'il y avait sur place, voici ce que nous avons préparé:

POUDING AU PAIN ET AUX DATTES

Dans un bol, placez une pinte de morceaux de pain et versez une pinte de lait chaud. Laissez reposer 10 minutes et mélangez-y:

2 œufs battus
1 tasse de sucre brun
1 pincée de muscade
  des zestes d'orange
1 tasse de dattes coupées en morceaux.

Versez le tout dans un plat beurré et faites cuire ½ heure dans un four modéré.

TORTILLA

(omelette comme on m'a appris à les faire en Espagne)

Faites frire des patates coupées en tranches fines et des oignons dans un grand chaudron d'huile très chaude (grande friture).

En faire beaucoup. Quand tout est bien doré, retirer de l'huile et saler.

Dans un grand bol, mêlez les œufs (2 par personne) au mélange de patates et d'oignons frits, avec du poivre et un peu de lait et versez le tout dans une grande poêle de fonte dans laquelle vous avez mis un peu d'huile pour couvrir le fond.

Tournez pour bien dorer les 2 côtés. Servir avec du pain et de la sangria.

Ce plat peut être mangé chaud ou froid. S'il en reste, mettez au frigidaire et mangez le lendemain, tel quel, sans faire réchauffer.

C'EST DÉLICIEUX

André, fumant
la narguilé

Mon "prof" d'Islam,
André Dirlik et
son épouse Rasa

Rasa en train de
fumer la narguilé

ANDRÉ DIRLIK, mon prof d'ISLAM...

J'ai immédiatement sympathisé avec lui.

Il est natif du Caire mais originaire de cette région, située entre la Mer Noire et la Mer Caspienne et où se trouvent les montagnes du Caucase.

Une des premières paroles qu'il a prononcée en classe sur l'existence d'Allah rappelait étrangement le pari de Pascal: «Croyons en Lui car s'Il existe, on gagne. S'Il n'existe pas, on n'a rien perdu.»

Laissez-moi vous avouer que je me suis sentie très à l'aise dans sa classe même s'il a rajouté: «Je me demande ce que vous faites en Religiologie...»

Il est comme ça... son humour est à prendre ou à laisser...

Je crois que ce qu'André m'a fait connaître de plus beau, c'est le SOUFISME ou l'ivresse de Dieu dans la tradition islamique.

De ces grands maîtres mystiques, j'en ai retenu un: «Djalâl ud Dîn-Rûmi», le poète de l'amour mystique qui écrivait:

«Pourquoi ne veux-tu pas que la partie rejoigne le tout,
le rayon la lumière?
... Je suis une fois comme le soleil, une fois comme la mer.
Dans mon cœur je contiens l'univers,
Autour de moi le monde.
Dans la sphère du monde, je vole comme une abeille.
Pourquoi voir mes soupirs et non cette douceur de miel
qui m'enveloppe?
Pourquoi devenir triste,
Quand chacun de mes membres rit?
Pourquoi serais-je l'esclave
quand j'ai des ailes pour voler?»

Et s'il m'arrive d'être parfois profondément troublée au fond de mon être je me pose une question comme celle-ci: «Ginette, pourquoi ne te sens-tu pas comme les autres? pourquoi n'es-tu pas une fille comme tout le monde? ... Je pense à André et je me sens de moins en moins seule dans ma voie, puisqu'il m'a laissé entendre que les grands leaders religieux étaient et sont encore des marginaux. Du moins, sont-ils considérés comme tels.

Je n'ai pas la prétention de m'identifier à un «leader religieux», loin de moi cette pensée, mais comme je l'ai dit durant la classe: «Comme Jésus, je ne suis heureuse que lorsque je m'occupe des affaires de mon Père»...

André a aussi ajouté: «Les purs parmi les gens sont ceux qu'on dit «out» et non «in»...

Et lorsqu'il a débuté son deuxième cours... me regardant dans les yeux, une de ses premières phrases a été celle-ci: «Les Arabes ont un proverbe qui souligne que «Quiconque dont la maison est faite de verre ne lance pas de pierre», c'est-à-dire qu'on ne peut pas attaquer si l'on est attaquable...» Ce qui m'a rappelé cette phrase qu'a dite Jésus et que j'ai retranscrite dans mon premier livre «Je vis mon alcoolisme»: «Que celui qui n'a pas péché me jette la première pierre...» Peut-être venait-il d'en terminer la lecture...

Il y a des gens comme ça qu'on a l'impression d'avoir toujours connu. Il se peut fort bien que je rejoigne ici la théorie des «Eons» de Jean. E. Charon qui veut que nous vivions depuis quinze milliards d'années, depuis toute éternité en fait. André est un de ceux-là.

Je suis heureuse d'être entrée en Religiologie à l'Université du Québec, André, ne serait-ce que pour t'avoir connu, avoir pu t'écouter et t'aimer.

Et maintenant laissons nos lecteurs bénéficier des échantillons de cuisine ottomane que tu nous suggères.

L'Empire Ottoman avait sa capitale à Istamboul de 1453 à 1920. Sous son joug vivaient Arabes, Kurdes, Grecs, Bulgares, et les Circassiens du Caucase.

Essayons donc quelques-uns de tes plats avec, à l'esprit, la phrase que répétaient les Croisés en route pour la Terre Sainte: «Si on en meurt, on s'en ira au Paradis... Si on n'en meurt pas, on s'enrichira!...»

CHARKASSIYA

Les noyers fleurissent tous les printemps au pied du Caucase, entre la Mer Noire et la Mer Caspienne. En été, les noix ont mûri, les enfants tachent de les faire tomber de leurs branches en les atteignant de leurs pierres. Même si l'écorchage des noix noircit la paume des mains, la chair des noix en vaut l'effort. Il y a dans cette région assez de noix pour satisfaire les envies de tous les enfants de la terre. C'est dire que les Tcherkesses (que nous appelons Circassiens) ont abusé de l'utilisation des noix dans leur cuisine. Prenez, par exemple, la Charkassiya;

2 tasses de noix (préparées le jour-même)
4 morceaux de pain blanc
2 oignons émincés et dorés à peine
4 poulets avec gras

Pour 10 personnes

Préparez le bouillon des poulets.

Mettez le gras chaud des poulets sur les tranches de pain et laissez imbiber. Passez le pain et les noix au blender et ajoutez du bouillon si nécessaire. La sauce doit être épaisse. Ajoutez-la sur l'oignon doré; sel et poivre. Laissez sur un feu moyen jusqu'à ébullition; puis baissez le feu et laissez bouillir une seconde fois. Faites cuire le riz dans le bouillon de poulet. Servez avec du tabasco.

CREVETTES JAYPOUR
(4 personnes)

1 lb. de crevettes bouillies et décortiquées
6 gousses d'ail finement coupées
1 c. à thé de gingembre frais haché
2 c. à thé de curcuma
1 c. à thé de coriandre
1 c. à thé de garamasala*
½ c. à thé de cumen
1 c. à table de farine
½ t. de cashews broyés et grillés
½ t. de noix broyées et grillées
½ t. d'arachides broyées et grillées
½ t. de grains de sésame grillé
½ t. de noix de coco grillées
1 t. de yogourt

Le treizième Maharaja de Jaypour aimait faire apprêter ses crevettes comme nul autre Maharaja de tout le Rajastan ne pouvait le faire. Accompagné de son astrologue Tik-ha Khan, il se rendait en personne dans ses cuisines assister à l'opération que son chef, Babour, entreprenait. Voilà en quoi consistait cette opération que nous vous recommandons. Faire revenir l'ail dans peu de margarine. Ajouter le gingembre et les épices et saupoudrez de farine. Incorporez le yogourt, couvrez et faites mijoter sur un feu doux pendant 30 minutes en remuant de temps à autre. Ajoutez les différentes sortes de noix et les graines de sésame et faites cuire pour 15 minutes. En dernier, incorporez les crevettes et laissez mijoter pendant 10 minutes.

Servez avec un riz blanc ou un riz à l'orange.

*Vous trouverez ce mélange d'épices indiennes chez Eaton section gourmet ou chez Main Importing Grocer Inc. 1188 boul. St-Laurent, Montréal, téléphone: 861-5681.

Le garamasala peut aussi être ajouté avec la canelle au steack haché.

YOGOURT

9 tasses de lait
½ contenant de yogourt nature (175 g.)

Rien de plus facile que de faire cailler du lait. Les habitants des Balkans, d'Asie Mineure et du Moyen-Orient le font tous les jours.

Prenez donc vous aussi du lait en poudre. Faites-en du lait en suivant les instructions courantes. Utilisez de l'eau chaude mais pas bouillante (dans les vieux pays, la ménagère avertie estime la température du lait à utiliser pour le yogourt en notant si son petit doigt qu'elle y aura placé peut supporter qu'elle compte jusqu'à dix) et plongez-y la moitié d'un contenant de yogourt nature de votre supermarché (pour une quantité de 9 tasses de lait). Si vous utilisiez un récipient en terre cuite vous préserveriez ainsi la température. Au Moyen-Orient on enroule son contenant d'une couverture et on le place dans un placard. Huit heures plus tard votre yogourt est fait. Transférez-le alors au frigidaire pour interrompre le caillage.

Voici quelques suggestions pour utiliser votre yogourt.

1. **Labné**

Les paysans de la montagne Libanaise aiment à vider leur récipient de yogourt dans un sac de toile qu'ils auront auparavant mouillé à l'eau froide. Ils laissent ensuite tout le petit lait se dégager du yogourt pour une période d'une nuit. Finalement ils retirent leur yogourt en partie déshydraté, y ajoutent un peu de crème sûre, du sel, de l'orégano et de l'huile d'olive pour en faire un délicieux dip.

2. **Djadjikh** pour les Turcs, **Dzadziki** pour les Grecs.

Tranchez bien fin des concombres dans du yogourt, ajoutez une gousse d'ail broyée, de la menthe sèche et du sel. Servir en été comme salade.

3. **Ayran**

Ce breuvage d'Anatolie n'est rien d'autre que du yogourt dilué dans de l'eau glacée.

Vous pouvez saler ou sucrer à volonté.

Plus désaltérant que le coke.

TAJERE
(10 personnes)

10 gros oignons
20 gousses d'ail
1 grande boîte de tomates entières
1 petite boîte de purée de tomates
3 grandes cuillerées de coriandre en poudre
3 grandes cuillerées de cumen en poudre
huile végétale
sel et poivre
1 cuillerée à thé de «harissa»*

Le Liban doit son nom à «laban», mot Araméen qui signifie lait. Ce petit pays dont les montagnes enneigées sont aussi blanches que le lait et où l'on peut skier puis se tremper les pieds en Méditerranée dans la même journée, ce petit pays dis-je, est le refuge de plusieurs communautés religieuses dont les principales sont la communauté Sunnite qui vit sur la côte et la communauté Maronite qui vit sur les hauteurs. Le Liban a autant de cuisines qu'il a de sectes. Le tajère est un plat typiquement sunnite. On le sert comme entrée froide avec du poisson grillé et des radis.

Pour l'apprêter, épluchez les oignons et l'ail et coupez-les en petits morceaux. Faites brunir les oignons dans l'huile. Incorporez la coriandre et le cumen. Ajoutez l'ail, la boîte de tomates entières, la purée de tomates et la harissa.

Placez sur un feu fort jusqu'à première ébullition puis réduisez le feu, couvrez la marmite et laissez mijoter sur ce feu doux en remuant de temps à autre jusqu'à ce que la sauce soit complètement absorbée ou évaporée.

*La harissa: mélange d'épices et de purée de tomates, vendu en boîte, de provenance tunisienne.

L'Orient Express, ce luxueux service de chemin de fer qui a longtemps relié Londres à la ville d'Alep en passant par la splendide Istamboul doit reprendre du service après une longue interruption causée par la guerre. Un de ses fondateurs Lord Shuttleworth raconte qu'en 1912 dans les environs du village d'angora (future capitale de la Turquie actuelle) l'Orient Express avait frappé une charette contenant des aubergines au passage à niveau. Les villageois ont profité ce jour-là de l'heureux accident pour faire du maghmour. Voilà comment vous pourriez les inviter.

MAGHMOUR

2 grosses aubergines
2 gros oignons
5 gousses d'ail
1 boîte de pois chiches
1 boîte de tomates entières
huile végétale
sel et poivre

Pour 8 personnes

Epluchez et coupez des aubergines en longueur. Enduisez légèrement les tranches d'huile et placez-les au broil jusqu'à ce qu'elles brunissent. Faites de même pour les oignons et l'ail. Retirez du four et placez dans une marmite. Ajoutez la boîte de tomates entières et les pois chiches drainés, sel et poivre et mettez sur un feu fort jusqu'à ébullition. Réduisez le feu, couvrez et laissez mijoter sur ce feu doux jusqu'à ce que le jus qui couvrait à peine le contenu soit complètement évaporé. Servez froid avec des échalotes et du pain arabe.

L'Ile de Java était hindoue avant de se convertir à l'Islam au XVIe siècle. Les vestiges de l'Indonésie pré-islamique sont encore impressionnants. Vous n'avez qu'à vous rendre aux ruines de Boroboudour pour le constater. La culture des anciens Radjah javanais survit, par contre, sur la table des familles aristocratiques de Jogjakarta. Prenez par exemple ce Saté au poulet. On vous le servira aux Pays Bas, qui avaient colonisé l'Indonésie, dans n'importe quel bon restaurant indonésien. Essayez-vous pourtant, à l'apprêter. Il vous transportera, tout comme l'avait été Gauguin, dans ces îles des mers chaudes.

SATE AJAM

3 poitrines de poulet sans peau et coupées en morceaux de 1 pouce

Marinade:

2 cuillerées à soupe de margarine fondue
1 gousse d'ail finement coupée
½ c. à thé de gingembre frais finement tranché
2 c. à soupe de sauce de soja
½ c. à thé de sel

Pour 6 personnes.

Mélangez les ingrédients de la marinade, incorporez le poulet. Laissez mariner pendant deux heures en remuant assez souvent.

Sauce de beurre d'arachide:

1 c. à soupe d'huile végétale
½ gousse d'ail finement coupée
2 c. à soupe d'échalotes finement coupées
¼ c. à thé de sel
½ c. à thé de la «harissa» ou de poudre de chili
½ c. à thé de paprika
½ c. à thé de pâte de crevettes ou d'anchois
1 c. à soupe de jus de citron
3/4 tasse de jus de noix de coco*
½ tasse de beurre d'arachide

Faites griller la noix de coco râpée et employez comme garniture. Dans l'huile chaude, faites dorer l'ail et l'oignon ou l'échalote, ajoutez le reste des ingrédients de la sauce et faites cuire sur un feu moyen en remuant jusqu'à ce que la sauce devienne épaisse. Gardez-la au chaud.

Faites griller le poulet pendant 15 minutes.

En attendant, sur un feu très doux, faites dissoudre 1 c. à soupe de cassonade dans une c. à soupe de sauce de soja; mettez de côté.

Mettez sur un riz blanc le poulet grillé, la sauce de beurre d'arachide et quelques gouttes de la sauce de cassonade et de soja. Garnissez avec la noix de coco râpée et grillée.

*Trempez ½ tasse de noix de coco râpée dans 1 tasse d'eau pendant 1 heure puis écoulez.

Pour l'Islam primitif, Achoura, le dixième jour du mois de Mouharram, représentait, tout comme le Yom Kippour des Juifs, un jour de propitiations. Les Musulmans Chiites aussi célèbrent cette date qui est le jour où Mossein, le petit fils du Prophète Mahomet, fut assassiné. Le dessert que je vous propose est loin de causer à quiconque de la tristesse. Combien curieux sont donc les humains!

ACHOURA

6 tasses de lait
½ t. de fécule de maïs diluée dans 1 tasse d'eau froide
½ t. de grain de blé cuit
½ t. de sucre
½ t. de raisins secs
½ t. de noix cassées en petits morceaux
½ t. d'amandes épluchées
2 cuillerées à soupe d'eau de rose
2 c. à soupe d'eau de pétales d'oranger

Pour 10 personnes.

Trempez le blé dans de l'eau froide pour une nuit, puis faites-le cuire dans beaucoup d'eau. Quand le grain est bien cuit, retirez du feu et laissez refroidir pendant quelques heures (toute la nuit). Il est préférable de laisser le blé dans la casserole avec le couvercle: ainsi, toute l'eau sera absorbée et le grain sera très tendre. Diluez la fécule de maïs et ajoutez-la au lait. Portez le tout à ébullition en brassant constamment.

Incorporez le sucre, puis le blé bien cuit et gardez sur le feu jusqu'à obtention de la consistance crémeuse. Ajoutez le reste des ingrédients et mélangez. Retirez du feu, laissez refroidir et servez.

GUL GO GI

Les livres nous disent que les Coréens sont apparentés aux Turcs. Quelle curiosité que la façon dont les peuples sont distribués de par le globe. La Corée appartient géographiquement à l'Extrême-Orient, à la Chine et au Japon. Sa nourriture, pourtant, offre des goûts et des senteurs peu orientaux et j'y ai moi-même retrouvé les mêmes réactions de palais (du latin *palatum* et non *palatium*) qu'on éprouve lors d'un repas de grillades préparées *à la turcha.*

2 lb. de filet de bœuf finement tranché
2 oignons finement tranchés
1 gousse d'ail broyée
1 cuillerée à soupe de cassonade
4 oz. de sauce de soja
1 c. à soupe de grains de sésame
3 c. à soupe d'huile à salade
½ c. à thé de sel
¼ c. à thé de poivre
1/8 c. à thé de poivre rouge broyé (opt.)

Pour 6 personnes.

Mélanger tous les ingrédients et y faire mariner la viande pour deux heures. Arrangez la viande sur le gril et faites la griller jusqu'à la cuisson désirée. Versez le jus de la grillade sur la viande et servez avec un riz blanc.

DAOUD BACHA

Le Gouverneur de la Province de Kaysori — la Césarée antique — avait le palais fin. Il aimait aussi se rendre populaire auprès de ses sujets. Durant tout le mois lunaire de Ramadan, lorsque les Musulmans doivent jeûner du lever au coucher du soleil, il ordonnait, nous dit-on, aux intendants de sa maison d'accueillir à sa table quiconque viendrait. On y servait alors un ragoût de viande avec du riz. Ce plat fut tellement populaire qu'il emprunta rapidement le nom du Gouverneur qui était Daoud Bacha. Inviterez-vous, vous aussi, vos amis le soir de la nouvelle lune du septième mois?

2 lb. de viande en cubes ou
de la viande hachée en boulettes
20 petits oignons entiers
1/3 tasse de concentré de pomme de grenade
½ tasse de pignons
sel, poivre et canelle
de l'eau fraîche juste pour couvrir le tout

Pour 6 personnes.

Epluchez et faites brunir les oignons dans peu de margarine et mettez de côté. Dans la même casserole, faites revenir les cubes de viande, ajoutez sel, poivre, cannelle et de l'eau juste pour couvrir. Portez à ébullition, baissez le feu, couvrez et laissez mijoter jusqu'à ce que la viande soit tendre. Si vous employez de la viande hachée, faites-en des boulettes et grillez-les au four. Incorporez le concentré de pomme de grenade à la viande et aux oignons, ajoutez suffisamment d'eau fraîche pour couvrir le tout et portez à ébullition sur un feu fort. Couvrez et laissez mijoter sur un feu doux jusqu'à l'obtention d'une sauce bien concentrée et des oignons cuits et presqu'entiers. Jetez-y les pignons. Servez avec du riz blanc.

MOUJADDARA

La plupart des peuples d'Asie ont été végétariens par nécessité avant de le devenir par conviction. Quelle que soit la raison qu'on veuille adopter pour faire la cuisine c'est en fait l'art de donner du goût à des ingrédients. Prenez, par exemple, les lentilles rouges. A l'état naturel, elles sont appréciées seulement par la volaille, picorant à la recherche de vivres. La volaille n'apprécie pourtant pas la Moujaddara. Trop bon pour elle, me direz-vous.

1 tasse de lentilles rouges trempées la veille dans de l'eau fraîche
2 gros oignons ou 1 paquet de soupe d'oignon
sel et poivre

Pour 6 personnes.

Epluchez et coupez les oignons en petits morceaux et faites-les revenir dans un peu de margarine. Faites écouler les lentilles et incorporez-les aux oignons ou à la soupe d'oignon, couvrez d'eau fraîche et portez à ébullition. Ajoutez sel et poivre. Réduisez le feu, couvrez et laissez mijoter sur un feu doux. Brassez fréquemment et ajoutez un peu d'eau jusqu'à la cuisson complète des lentilles et l'obtention d'une consistance crémeuse. Servez chaud avec une salade aux tomates à la sauce de concentré de pommes de grenade, des cornichons ou du «Cole slaw».

TABBOULE

Les paysans de la montagne libanaise auraient-ils voulu économiser salade et nutrition sans pour autant s'en priver? La tabboulé remplit bien ces conditions.

1 tasse de blé concassé moyen (bourghoul)
3 tasses de persil frais haché
1 t. de menthe fraîche hachée
1 t. d'oignons ou échalotes avec queues hachées
2 t. de tomates fraîches coupées en petits morceaux
½ t. d'huile d'olive ou à salade

½ t. ou plus de jus de citron
sel et poivre

Pour 6 personnes.

Préparez la veille. Mélangez tous les ingrédients, mettez le mélange dans un bol en verre, couvrez-le et placez-le au frigidaire. Le lendemain, mélangez bien et goûtez-en. Le blé concassé doit être tendre, sinon, remettez au frigidaire après avoir ajouté sel, poivre, huile et jus de citron si vous en éprouvez le besoin.

... Et le gâteau préféré de Ginette que mon épouse RAJA se fait un plaisir de lui cuisiner lorsqu'elle nous rend visite...

GÂTEAU FORÊT NOIRE

5 œufs
1 tasse de sucre
3/4 tasse de farine
¼ tasse de cacao
1 c. à thé de poudre à pâte
1 grande boîte de salade de fruits
1 grand carton de crème 35%
chocolat «semi-sweet» pour râper sur le gâteau

Cassez les œufs entiers et battez dans un grand bol du mélangeur pour obtenir une pâte mousseuse, ajoutez graduellement le sucre et battez 5 minutes.

Tamisez la farine et le cacao et la poudre à pâte et les ajouter à la main dans la pâte en mélangeant doucement.

Enduire un moule rond de beurre et farine. Versez la pâte et faites cuire dans un four à 375°F pendant 20 minutes.

Laissez le gâteau refroidir. Coupez le en deux parties égales dans le sens de la largeur. Prenez le jus de la boîte de fruits, y ajouter du rhum ou whisky et arrosez la partie inférieure du gâteau. Couvrez de crème fouettée, mettez les fruits, recouvrez d'une autre couche de crème. Placez la seconde partie du gâteau aussi arrosée du jus de fruits. Couvrez tout le gâteau de crème et râpez le chocolat en décorant le gâteau et saupoudrez de sucre fin.

MOUGHLI

C'est donc vrai qu'on préfère la naissance d'un garçon à celle d'une fille. En Syrie, la venue du mâle est célébrée par la famille et par les amis qui se réunissent le septième jour après la naissance pour partager le *moughli*, genre de pudding garni de noix que l'on sert dans des tasses à thé. On s'échange aussi des beaux mots ce jour-là. Un des plus commun demeure bien entendu: «Je vous souhaite d'avoir un fils...» N'est-ce pas une autre façon de dire «J'aime le *moughli* et en voudrais une autre fois...»?

6 tasses d'eau froide
½ t. de poudre de riz diluée dans 1 tasse d'eau froide
½ t. de sucre
5 cuillerées à soupe de poudre de carvi
2 c. à thé de poudre de fenouil
2 c. à thé de poudre d'anis
1 c. à thé de poudre de cannelle
½ t. d'eau froide
½ t. de noix en morceaux et trempés depuis la veille dans de l'eau froide
½ t. de pignons trempés de la veille
½ t. de pistaches trempés de la veille
½ t. d'amandes trempées de la veille (épluchées et divisées le lendemain)
½ t. de noix de coco râpée

Pour 10 personnes.

Ajoutez les six tasses d'eau à la poudre de riz diluée et mettez sur un feu fort. Brassez constamment. Dans une demi-tasse d'eau froide, incorporez les poudres de carvi, de fenouil, d'anis et de cannelle et ajoutez ce liquide à la casserole. Quand le mélange commence à bouillir mettez le sucre et continuez à brasser jusqu'à obtention de la consistance crémeuse. Retirez du feu, versez dans les tasses à thé et laissez refroidir. Garnissez avec le reste des ingrédients.

Aphrodite aurait-elle eu son égale? Un apothicaire de Zamboanneganne sur Minnedanao aux Philippines m'apprenait en 1978 que la Déesse de la vie, Chu-Sheng Niang Niang, qui avait pris la forme de la Pleine Lune, avait rencontré le Dieu Protecteur des Herboristes, Pao-Cheng qui s'était déguisé en Etoile Polaire puis en Tortue de Mer. Les apothicaires chinois prescrivent aujourd'hui cette recette qu'ils attribuent à ces divinités et qui, ils le promettent, aura d'heureux effets. Nous l'avons essayé chez un ami à Kota Kinabalou, sur l'île de Borneo. L'apothicaire de Zamboanneganne avait-il donc raison!!!...

UN APHRODISIAQUE DE CHINE

Pour une personne accompagnée

1 pieuvre vidée de son encre
2 mangues vertes (et non mûres) qu'on aura émincées
1 limette
1/4 cuillerée à thé de gingembre

Faites bouillir la pieuvre avec la pelure de limette et le gingembre. Servez avec les mangues. Leur goût âpre et acidulé fera ressortir celui de la pieuvre.

1 poisson d'eau salée séché qu'on appelle **OUTAK-OUTAK** en Malais
2 œufs
1/4 cuillerée à thé de cumen
1/4 cuillerée à thé de poivre blanc
1/2 tasse de l'huile de copra

Pulvérisez le poisson séché. Epicez à volonté, ajoutez les œufs, faites-en des galettes puis faites frire.

Vous aurez auparavant émincé une raie arrosée de sauce de soja que vous servirez crue et accompagnée de galettes de farine de manioc. Le piment rouge remplace le sel à table.

Pour dessert préparez un **SABAO MAYAMOU:**

1/2 litre de lait de noix de coco
4 blancs d'œufs
sucre à volonté
une pincée de muscade

Ce repas nous fût offert sur des feuilles de bananier qui servaient de nappes. Après le repas nous fumions des cigarettes au tabac et clous de girofle. Nous nous retirions ensuite.

P.S. Si vous voulez trouvez les ingrédients, vous devez venir chez moi...

المغلي

الكمية : ٤٠٠ غرام من الارز الناعم (بودرة)
١٢٥ غراما من الكراويا المدقوقة جيدا
٨٠٠ غرام من السكر
٤٠ غراما من الشمر الناعم
٢٠ غراما من الينسون الناعم
٢٠ غراما من القرفة الناعمة
٤٠٠٠ غرام من الماء
فستق وصنوبر وجوز وجوز هند ولوز
مقشرة كلها ومفلقة للتزيين.

الطريقة : يوضع الماء في طنجرة كبيرة على النار ليغلي. يذاب الارز بالماء البارد ويضاف الى الطنجرة ويواصل تحريكه. تضاف البهارات كلها الى الطنجرة مع مواصلة التحريك. يضاف السكر ويجب ان تكون النار قوية ويستمر التحريك الى ان ينضج هذا الصنف. وعلامة نضجه انك اذا رفعته بالكبشة يعلق عليها عند انحرافها ويصبح لزجاً. يسكب المغلي ويترك ليبرد فيزين بالقلوبات المقشرة حسب الطلب.

Texte arabe de la recette du Moughli (p. 73)

MARGUERITE LEMAÎTRE

Les Bruxellois sourient lorsqu'on les appelle «ZIENEKE» (prononcer Zineuqueue) qui veut dire bâtard. Le terme n'est en effet pas péjoratif. Il exprime de façon sournoise le mélange de Wallonie et de Flandre en Bruxelles. Marguerite (Griet pour les intimes, Mimi pour les autres...) peut parler mieux que quiconque des richesses de ne pas être «pure laine» Wallone.

Née de mère germanique, elle a aussi vécu au Congo Belge et au Liban. Elle connaît Oxford et Genève pour y avoir étudié. Elle a en ce moment adopté Montréal, même si chaque hiver, elle rêve des Caraïbes...

Ginette — «Pourquoi, Mimi, ne nous as-tu pas donné une recette Zaïroise, celle de la Moambie par exemple?»

Mimi — «Je te la promets pour ton second livre»...

Ginette — «As-tu un souvenir d'Afrique que tu pourrais nous raconter?...»
Mimi — «Oui, un après-midi où je me promenais sur les berges du Congo, à Léopoldville plus exactement, j'ai alors assisté à une scène que je ne suis pas prête d'oublier: un crocodile qu'on avait pris pour un tronc d'arbre a dévoré mon propre ZIENEKE, un cabot que mon frère Michel et moi appelions «LUMPI» (ce qui signifie «chiffon» en allemand).» C'était peut-être le chien le plus laid de notre quartier, mais c'était le plus sympathique...»

Très chère Mimi, en attendant ta recette Zaïroise, essayons ce que tu nous offres aujourd'hui, je suis certaine que nous allons nous régaler...

Bon appétit à tous!

BŒUF EN SALADE

Pour 4 personnes.

Un morceau de bœuf bouilli d'environ 2 livres
2 tomates, 1 oignon, 1 petit bouquet de persil
moutarde, huile, sel, poivre, vinaigre et citron

Couper le bœuf bouilli froid en tranches en ayant soin d'enlever la graisse, peau ou cartilage.

Couper les tomates en tranches et l'oignon en petits dés.

Préparer un tasse de vinaigrette en mélangeant 1 petite cuillerée de moutarde de Dijon avec le jus d'un citron et 2 cuillerées de vinaigre et 1 dl d'huile d'olive, sel et poivre; la vinaigrette doit être bien relevée.

Mettre la viande tranchée, les tomates, oignon dans un saladier ainsi que le persil haché.

Mélanger le tout et laisser macérer une heure avant de servir.

MOULES À LA WALLONNE

Pour 4 personnes.

2 kg de moules pas trop grosses et bien fraîches
1 pied de céleri blanc
2 oignons,
2 gousses d'ail
1 branche de thym frais
1 bouquet de persil frais
150 gr de beurre
sel et poivre

Gratter les moules et enlever la barde qui se trouve sur le côté de la coquille.

Laver soigneusement en changeant l'eau 5 ou 6 fois pour s'assurer qu'il n'y a plus de sable.

Laisser les moules en attente dans de l'eau salée très froide.

Hacher le céleri, les oignons en petits dés et le persil très fin.

Dans une casserole large et plate ou dans un bassin en métal faire fondre le beurre et faire revenir le céleri, l'oignon à feu doux pendant 10 minutes.

Ajouter l'ail et le thym, verser 3/4 de litre d'eau, porter à ébullition, saler et poivrer.

Au moment de servir jeter les moules égouttées dans la casserole et couvrir.

Laisser cuire 10 minutes, à ce moment les moules seront ouvertes et cuites.

Servir avec des frites et laisser les moules dans la casserole de cuisson car elles doivent être mangées très chaudes.

GÂTEAU ODETTE

3 œufs entiers
1 citron
4 cuillerées à thé de «bakind powder»
1½ tasse de sucre
2 tasses de noix de coco non sucrée en flocon
2 tasses de farine
1 pot de 500 gr de yogourt nature
1 petite tasse de «crisco».

Mélanger œufs et sucre avec le batteur électrique.

Ajouter le jus de citron, le crisco et le baking powder.

Ajouter le yogourt et ensuite la farine par petite quantité.

Ajouter les flocons de noix de coco.

Verser dans un moule en forme de couronne préalablement beurré.

Cuire 10 minutes à four chauffé à 450 / 500°F, puis 3/4 heure à feu modéré (300°F).

ANGUILLES MICHEL

Pour 6 personnes.

Huit petites anguilles d'eau douce pelées et nettoyées
1 dl d'huile
½ bouteille de vin rouge (de préférence du Pomerol)
un verre à vin de cognac
2 gousses d'ail
1 cuillerée de maïzena
½ verre d'eau
sel, poivre et un bouquet de persil frais.

Couper les anguilles en tronçons de 6 ou 7 cm.

Faire saisir les morceaux d'anguille dans l'huile sans les cuire.

Faire chauffer le vin dans un petit poêlon.

Faire chauffer le cognac dans un autre petit poêlon.

Retirer les anguilles de la casserole et les faire égoutter.

Jeter l'huile de cuisson.

Poser les anguilles égouttées dans une casserole large et basse sans graisse, ajouter l'ail pressé, le sel et le poivre.

Jeter le cognac chaud sur les anguilles et flamber.

Ajouter le vin chaud sur les anguilles et laisser cuire jusqu'au premier bouillon.

Enlever les anguilles momentanément.

Continuer à faire cuire la sauce en rajoutant la maïzena délayée dans l'eau et laisser à petit feu pour réduire la sauce.

Au moment de servir, remettre les anguilles à chauffer dans la sauce durant 10 ou 15 minutes.

Servir dans un plat semi-creux entouré d'une couronne de purée de pomme de terre passée au four.

Parsemer le persil haché sur les anguilles et servir très chaud avec des croûtons de pain rassis frits au beurre.

SALADE STE-LUCIE

Pour 10 personnes.

Trois bananes
1 grosse grappe de raisins noirs
4 mangues bien mûres
1 papaye
3 oranges
3 kiwis
400 gr de framboises surgelées
1 citron
50 gr de sucre en poudre

Mettez les framboises à décongeler à l'avance.

Dans un saladier mettez les bananes et les kiwis coupés en rondelles, les mangues et la papaye coupées en dés.

Ajoutez les grains de raisins.

Epluchez les oranges à vif et coupez-les en tranches.

Ajoutez les framboises, le jus de citron et le sucre.

Mélangez et laissez macérer 2 heures au réfrigérateur avant de servir.

POULET AUX FENOUILS

Pour 4 personnes.

Un poulet moyen
3 fenouils
ketchup
2 cuillerées de beurre
gruyère et parmesan (150 gr)
farine, sel et poivre

Bouillir ou faire rôtir le poulet au four.

Faire bouillir les fenouils coupés en 2 ou 4 morceaux selon leur grosseur.

Quand les fenouils sont presque cuits, les enlever de l'eau et les laisser égoutter (ne pas jeter l'eau de cuisson).

Couper le poulet cuit en 8 morceaux.

Placer ces morceaux de poulet dans un pyrex préalablement beurré et poser les fenouils dessus.

Faire une béchamel (beurre-farine) avec l'eau de cuisson des fenouils.

Ajouter 2 cuillerées de ketchup dans la béchamel pour la rendre rosée, puis ajouter les fromages et assaisonner.

Verser la béchamel sur les fenouils et faire gratiner.

Servir avec des nouilles ou des pommes de terre duchesse.

AVOCAT «FRANÇAISE»

Pour 6 personnes.

Trois avocats mûrs à point
1 citron
1 pot de 300 gr de «ricotta»
2 pots de caviar danois
sel et poivre

Couper les avocats dans le sens de la longueur.

Versez un peu de jus de citron dans les demi-avocats, salez et poivrez.

Remplissez le creux des avocats avec de la ricotta en ayant soin de ne pas couvrir les bords des avocats.

Posez délicatement 2 petites cuillerées de caviar au centre de la ricotta afin de laisser autour du caviar une couronne blanche de ricotta.

Servez les avocats sur de petits napperons de dentelle.

WATERZOIE

Pour 3 ou 4 personnes.

Trois perches moyennes très fraîches, nettoyées
un pied de céleri blanc
un oignon
un blanc de poireau
une branche d'estragon
un dl de crème
un demi litre de vin blanc sec
sel, poivre, clou de girofle et
2 cuillerées de beurre.

Couper le céleri, l'oignon, le poireau en petits morceaux.

Faire revenir les perches légèrement dans le beurre sans les cuire.

Poser dans une casserole les légumes coupés.

Poser les perches égouttées sur ce lit de légumes.

Ajouter ½ t. d'eau bouillante et ½ t. de vin blanc et les épices.

Couvrir la casserole et cuire à feu fort.

Au premier bouillon réduire le feu et cuire 20 à 25 minutes.

Retirer les perches.

Battre le liquide avec un batteur électrique.

Remettre la sauce à feu moyen pour la réduire.

Avant de servir ajouter la crème dans la sauce, du poivre fraîchement moulu, remettre les perches dans la sauce et les cuire 10 minutes à feu doux.

Servir très chaud avec du riz blanc ou des pommes de terre vapeur persillées.

SOUPE DE LENTILLES ET BLETTES

Pour 6 personnes.

1 tasse de belles lentilles jaunes sèches
1 ou 2 citrons
1 dl d'huile d'olive
2 cuillerées de maïzena
1 botte de blettes
un bouquet de coriandre frais
1 gousse d'ail et un oignon
sel et poivre

Dans une grande casserole remplie d'eau faire bouillir les lentilles avec le sel.

Couper les côtes des blettes et les couper en dés après avoir enlevé les fils.

Hacher le feuillage des blettes en lanières d'un demi-centimètre.

Quand les lentilles sont à moitié cuites jeter les côtes de blettes dans la casserole ainsi que l'oignon haché et continuer la cuisson.

Un quart d'heure plus tard, ajouter les feuilles de blettes hachées.

Hacher la coriandre, presser l'ail et ajouter ces ingrédients dans la casserole ainsi que l'huile d'olive crue.

Délayer la maïzena et presser le citron (1 ou 2 selon le goût) et verser dans la soupe.

Continuer à cuire 10 minutes et servir.

S. Schmidt

GÂTEAU POUR PARESSEUX

(Sans cuisson. Se fait la veille.)

Deux boîtes de biscuits «boudoirs»
250 gr de beurre ramolli
4 œufs très frais
8 bâtons de chocolat noir ramolli
250 gr de sucre semoule
crème fraîche (250 gr)
6 noix

Couper les biscuits en deux et les ranger en hauteur dans un moule rond d'environ 8 cm de hauteur en forme de couronne.

Ne pas trop serrer les biscuits mais en mettre dans tout le moule.

Battre les jaunes d'œufs avec le sucre.

Ajouter le chocolat ramolli mais pas chaud.

Ajouter le beurre ramolli.

Battre les blancs d'œufs séparément et les ajouter délicatement au mélange œufs-sucre-beurre-chocolat.

Verser ce mélange sur les biscuits dans le moule.

Mettre le moule au réfrigérateur.

Le lendemain, démouler sur un plat.

Battre la crème fraîche en chantilly.

Mettre la chantilly sur le gâteau avec une douille et décorer avec des noix coupées en deux.

Denise et Roland Lamothe

DENISE et ROLAND LAMOTHE, mes «proprio»...

L'été 80: *Après mûre réflexion, je prends une décision difficile à prendre mais qui, je le sens, est «Pour du plus». Je décide de vendre ma maison des Laurentides et de revenir vivre à Montréal après une période de dix-sept ans.*

Lorsque j'ai vu ce très beau film: «Rencontre avec des Hommes Remarquables», une des dernières scènes de ce film m'a fait prendre conscience que Dieu m'avait gardée dans Son coin de paradis afin que je puisse m'y refaire une santé physique, psychique et morale, mais le temps venu, je devais affronter le monde, faire ce que j'avais à faire, avec la promesse de Son Soutien.

A cette époque, je travaille nuit et jour ou presque, à l'enregistrement de mon album «La Vérité» (Trans-Canada).

Une question me tracasse: dois-je m'acheter une maison à Montréal ou devenir locataire?...

Comme on n'achète pas une maison comme on s'achète une paire de souliers, et que je n'ai vraiment pas le temps entre Deauville, Ste-Marguerite Station et le Studio St-Charles à Longueuil de chercher une maison, je décide de louer un appartement pour une période de deux ans. On verra plus tard.

Encore là, je n'ai pas le temps de visiter des appartements. Donc, je répète l'affirmation suivante aussi souvent qu'elle me passe par la tête: «Dieu m'amène à l'appartement «parfait» pour moi». Et je visionne de belles grandes pièces éclairées, avec plafonds hauts, cheminée, etc...

Une semaine avant la fin de mon enregistrement, un matin très tôt, je me lève, je saute dans ma Fiat X 1-9 et pars acheter la Gazette. Je vois un appartement qui semble me convenir, annoncé dans Westmount. En fin d'après-midi, je sonne à la porte. Je suis surprise de voir un si bel homme, fort gentil, parlant français, me répondre. Je me sens tout de suite à l'aise avec lui.

Dès qu'il ouvre la porte du deuxième étage et que je vois ce superbe escalier recouvert de moquette verte, et ce magnifique puits de lumière qui surplombe au-dessus, je sens que je suis chez moi. Arrivée au haut de l'escalier, il n'y a pas l'ombre d'un doute. J'aménage dans ce chaleureux appartement.

Depuis lors, Denise et Roland font partie de ma vie. On est absent ou présent quand il le faut, selon le cas, mais nous savons que nous pouvons compter les uns sur les autres.

Fort sympathiques tous les deux, très beaux, elle, excellente cuisinière, ils forment le couple idéal.

A les regarder vivre, je crois sincèrement que c'est possible encore de nos jours pour un couple, d'être heureux.

A les regarder vivre, je retrouve ma foi d'enfant face à la vie à deux...

Merci à vous deux de m'apprendre cela,

Merci à toi Denise, pour ta fine fourchette,
Et à tous... Bon Appétit!

POTAGE DE CAROTTES AUX HERBES

4 grosses carottes pelées émincées
4 tranches de lard maigre fermé (bacon en dés)
1 gros oignon émincé
4 grosses pommes de terre émincées
6 à 7 tasses de bouillon de poulet
1/4 cuil. à thé de thym
1/4 cuil. à thé de basilic
1/2 c. à thé de cerfeuil
persil frais
feuilles de céleri
sel, poivre
crème épaisse ou lait au goût

Dans une casserole, faire cuire le bacon à feu moyen. (5 minutes) Ajouter l'oignon, couvrir et laisser mijoter quelques minutes en remuant. Réduire à feu doux et ajouter les carottes émincées. Couvrir et laisser mijoter 15 minutes en remuant. Ajouter les pommes de terres, le bouillon et les épices. Saler et poivrer le liquide au point d'ébullition à feu vif.

Réduire à feu moyen et laisser mijoter le potage 40 minutes sans couvercle. Corriger l'assaisonnement. Passer le potage à la passoire ou au blender. Avant de servir, incorporer la crème ou lait au potage.

SPAGHETTI AUX PALOURDES

spaghetti ou nouilles
1 bte de champignons frais
4 gousses d'ail hachées finement
persil (beaucoup)
5 cuil. à soupe de fécule de maïs
3/4 tasse de liquide (moitié eau, moitié vin blanc)
paloudes fraîches ou en boîte

Faire revenir les champignons dans le beurre. Y ajouter les gousses d'ail, le persil, le vin blanc et l'eau. Faire mijoter, et ajouter la fécule de maïs.

Faire chauffer les palourdes dans leur jus sans bouillir. Ajouter à la sauce. Ajouter 1 tasse de crème 35%. Faire chauffer sans bouillir.

Napper les nouilles de cette sauce, et parsemer de parmesan ou gruyère.

ESCARGOTS DE PARIS

¼ de lb. de beurre à la température de la pièce
12 gros escargots égouttés
6 cuil. à soupe de gruyère râpé
1 petite pincée de poivre de cayenne
1 petite pincée de cari (curry)
vin blanc
2 plats à escargots en céramique

Faire chauffer le four à broil.

Placer un peu de beurre dans chaque cavité.

Glisser un escargot dans chaque cavité.

Remplir les cavités avec le reste de beurre.

Ajouter un peu de vin blanc, le gruyère, poivre, cayenne et cari.

Placer au four et cuire 15 minutes.

AVOCATS FARCIS AU CRABE

1 bte de 6 onces de chair de crabe,
environ 1½ tasse en boîte ou congelé
½ tasse de mayonnaise
½ tasse de céleri haché finement
¼ tasse de persil frais haché finement
2 cuil. à thé de jus de citron
1 cuil. à thé de moutarde ordinaire
quelques gouttes de tabasco
quelques gouttes de worchestershire
2 avocats bien mûrs
jus de citron
sel

Egoutter la chair de crabe et l'émietter dans un bol. Bien refroidir.

Mêler mayonnaise, céleri, persil, 2 cuil. à thé de citron, moutarde, sauce tabasco et sauce worcestershire. Bien refroidir.

Au moment de servir, garnir des assiettes de feuilles de laitues. Couper les avocats en deux, dans le sens de la longueur. Enlever le noyau. Tremper le côté coupé des avocats dans le jus de citron. Disposer sur la laitue, emplir le centre des avocats de chair de crabe refroidie, et napper de la mayonnaise relevée et refroidir. Servir immédiatement.

Pour 4 personnes.

GIGOT D'AGNEAU DU QUÉBEC AUX HERBES

De 5 à 6 lbs de gigot d'agneau frais désossé
1 cuil. à thé de romarin
1 cuil. à thé de basilic
1 cuil. à thé de paprika
1 gousse d'ail broyée
persil

Mêler l'huile, le romarin, le basilic, le paprika et l'ail. Frotter l'agneau de toutes parts, avec ce mélange. Laisser reposer ainsi au réfrigérateur pendant au moins 2 heures. Chauffer le four à 325°F. Disposer le morceau de viande sur une grille, dans une rôtissoire peu profonde. Le côté frais sur le dessus, mélanger et répartir les morceaux d'oignon, de carottes, de poireaux, une feuille de laurier et de l'ail dans la rôtissoire.

Cuire au four à découvert pendant 20 à 25 minutes par lb. ou jusqu'à ce qu'un thermomètre à viande indique la cuisson désirée.

SAUCE AU JUS

Déglacer la rôtissoire avec un fond de bouillon et tamiser.

Ajouter le vin au goût.

Servir sur assiettes préchauffées et garnir de petites carottes et d'haricots verts accompagnés de riz.

SALADE D'ÉPINARDS

2 paquets d'épinards frais
½ laitue (feuilles seulement)
5 à 6 échalotes françaises
6 tranches de bacon cuit et émincé
2 œufs cuits dur, râpés
persil

Vinaigrette

¼ cuil. à thé de sel
poivre du moulin
1 cuil. à thé de moutarde de Dijon
1 cuil. à thé d'échalotes sèches haché fin
1 cuil. à thé de persil frais
½ cuil. à thé d'estragon
3 à 4 cuil. à soupe de vinaigre de cidre
¼ de tasse d'huile d'olive
¼ de cuil. à thé de citron
1 cuil. à soupe de sucre

Ajouter les ingrédients, sauf l'huile. Ajouter l'huile d'olive en filets tout en remuant.

Jeter les œufs sur le tout et ajouter le bacon sur le dessus.

TARTE AU SUCRE

1½ tasse de cassonade pâle bien tassée
2 cuil. à table de farine
1 tasse de lait évaporé ou crème 15%
1 œuf bien battu
½ tasse de pacanes ou noix de grenobles concassées
1 croûte de tarte non cuite de 8 pouces de diamètre

Bien mélanger dans une casserole le sucre et la farine, et ajouter le lait ou la crème. Faire cuire à feu lent en tournant constamment jusqu'à dissolution complète, soit 5 minutes. Retirer du feu.

Ajouter lentement le mélange à l'œuf bien battu en remuant constamment. Ajouter 1/3 de tasse de pacanes concassées.

Verser dans la croûte de tarte non cuite. Faire cuire à four chaud (400°F), pendant 10 minutes. Baisser la chaleur du four à 300°F et continuer la cuisson pendant 30 minutes. Ajouter des demi-pacanes.

Denis Monette

DENIS MONETTE, mon Ami journaliste...

«Je n'existe pas vraiment, chère Ginette. C'est Dieu qui m'a inventé pour toi! Il m'a fait naître il y a six ans... pour que je suive des yeux, le cheminement de sa divine enfant... je t'aime... avec toute la pureté dont peut s'imbiber le verbe.»

Denis.

«Très cher Denis...

Toi qui me posais des questions, dans une entrevue il n'y a pas si longtemps, sur mes amours... et à qui je répondis que mon Amour, je le donnais à mes Amis... tu devrais le savoir!... et je sais que tu sais!»

La première fois que Denis vint m'interviewer, c'était dans ma maison des Laurentides. Au premier regard, nous avons senti mutuellement le début d'une très grande Amitié.

Par la suite, il m'a avoué, qu'il grelottait dehors, à l'entrée de la Comédie Canadienne en 1966, un soir qu'il attendait pour venir m'entendre chanter, il avait eu la certitude qu'un jour, cette belle Amitié dont il rêvait deviendrait réalité. Une preuve de plus, que dans la vie, il y a beaucoup de chance pour que l'on obtienne toujours ce que l'on désire.

Automne 78: *On se téléphone, je lui demande: «Comment ça va...» Il me répond qu'il part pour Haïti incessamment pour interviewer Jean-Claude Duvallier. Sur quoi je réplique avec étonnement et surprise: «Moi aussi, je pars pour Haïti, quand pars-tu?...»*

J'espérais dans sa réponse qu'il serait là-bas en même temps que moi et que nous pourrions nous voir et sortir ensemble quelques fois à Port-au-Prince.

Sa réponse dépassa tous mes espoirs. Il partait le même jour et prenait la même envolée que moi. «J'étais aux oiseaux»... J'aime toujours énormément faire découvrir à mes amis le pays de mon cœur.

Nous avons vécu, survécu devrais-je dire, à une semaine mouvementée, c'est le moins que je puisse dire, entre Gaby le photographe bien connu, El Rancho, les Galeries d'Art, le Palais et Xaragua; mais depuis ce temps, ni tempête, ouragan ou cyclone, ni âme vivante ne pourrait nous séparer dans la Nuit des Temps.

Notre Amitié est une Amitié vivante, passionnante, la plus belle qui soit.

Dieu t'a peut-être inventé pour moi mon bel ami... si tel est le cas, j'en profite aux yeux de toute le monde pour L'en remercier du fond du cœur...

Mais comme la Vie n'est pas une route à sens unique, reçois à ton tour, mon Amitié et mon Amour...

FONDUE PARMESAN

Ingrédients

20 onces de lait
½ tasse de beurre fondu
¼ tasse de farine
¼ tasse de fécule de maïs
6 onces de fromage parmesan râpé

Préparation

- Faire brunir le beurre et y ajouter la farine ainsi que 16 onces de lait.
- Mélanger la fécule de maïs aux 4 onces de lait en surplus et les ajouter au premier mélange. Brasser jusqu'à consistance lisse.
- Ajouter le fromage en mélangeant toujours.
- Laisser cuire une vingtaine de minutes.
- Laisser refroidir un minimum de six heures dans un moule carré puis couper en morceaux assez gros.
- Lorsque les carrés sont bien froids, les tremper dans un mélange de farine, œuf battu et chapelure pour les paner.
- Les frire dans l'huile et servir sur une feuille de laitue accompagnée d'une pointe d'asperge ou de tranches de tomate.

SALADE MARINIÈRE

Ingrédients

½ piment vert haché finement
1 branche de céleri
½ boîte de 10 onces de petits pois verts
1 tasse de carottes cuites, égouttées et hachées finement
1 tasse de croûtons
2 c. à table de ketchup
1 boîte de saumon, thon ou chair de crabe

Préparation

- Mélanger le tout et lier avec 2 c. à soupe de sauce à salade (mayonnaise).
- Servir en déposant sur une feuille de laitue.

AVOCATS FARCIS

Ingrédients

1 avocat bien mûr
1 boîte de chair de crabe, thon, saumon ou crevettes
2 c. à thé de mayonnaise (ou plus si désiré)

Préparation

- Couper l'avocat en deux et le vider de sa chair en prenant bien soin de ne pas abîmer la peau.
- Couper la chair de l'avocat en petits morceaux et y ajouter le poisson.
- Lier avec la mayonnaise et en remplir les deux moitiés vides du fruit.

PETITS PAINS SURPRISE

Ingrédients

Echalotes et champignons au goût
1 livre de steak haché
2 c. à table de ketchup
2 c. à table de moutarde
1 boîte de soupe au «poulet et Gumbo»

Préparation

- Frire les échalotes et les champignons.
- Ajouter la viande, le ketchup, la moutarde et la soupe.
- Laisser cuire environ 10 minutes.
- Refroidir un peu puis remplir des petits pains de cette délicieuse préparation.
- Mettre les pains fourrés au four environ 10 minutes avant de servir.

POTAGE AUX CONCOMBRES

Ingrédients

2 concombres (un pelé et un non-pelé)
1/4 tasse de feuilles de céleri hachées
1/4 tasse de persil haché
1/4 tasse de ciboulette hachée
1 tasse de crème 15%
1 tasse de bouillon de poulet
2 c. à table de beurre
2 c. à table de farine
sel et poivre au goût

Préparation

- Mêler le tout dans un malaxeur électrique.
- Déguster froid ou chaud.

SOUPE AU CITRON À LA GRECQUE

Ingrédients

4 tasses de bouillon de poulet
1 tasse de riz
3 œufs
½ tasse de jus de citron ou le jus de deux citrons pressés

Préparation

- Faire cuire le riz dans le bouillon de poulet et avoir soin de toujours conserver cette soupe chaude.
- Séparer les jaunes d'œufs des blancs puis battre les blancs en neige ferme.
- Ajouter les jaunes aux blancs mais un à la fois et en battant après chaque addition.
- Ajouter le jus de citron aux œufs sans cesser de battre.
- Mettre un peu de bouillon de poulet chaud sur la préparation d'œufs.
- Vider la préparation d'œufs sur la soupe et servir sans réchauffer au préalable.

POULET À L'ÉGYPTIENNE

Ingrédients

1 poulet
1 gros oignon
2 citrons ou 1/4 tasse de vinaigre
1 c. à thé de poivre noir
2 c. à thé de sel
1 c. à thé de thym
1 c. à thé d'oregano
1 pincée d'épices de la Jamaïque (all spice)
1 pincée de cannelle
1 pincée de muscade
1 pincée de feuilles de laurier en poudre

Préparation

- Couper le poulet.
- Mélanger l'oignon, l'huile et le jus des citrons dans un malaxeur électrique.
- Ajouter toutes les épices à ce liquide.
- Goûter et ajouter du sel si désiré.
- Plonger les morceaux de poulet dans ce mélange.
- Les laisser tremper 5 à 6 heures en les conservant au réfrigérateur et en les retournant de temps en temps.
- Faire griller sur charbon de bois.

DÉLICES AUX POMMES

Ingrédients

6 pommes moyennes
1 tasse d'eau
1 tasse de sucre
3/4 de tasse de vinaigre
1 c. à thé de cannelle
quelques clous de girofle

Préparation

- Faire bouillir l'eau, le sucre, le vinaigre et la cannelle.
- Ajouter les pommes coupées en 6 ou 8 morceaux assaisonnés de clous de girofle.
- Laisser cuire jusqu'à ce que les pommes soient tendres et servir.

GÂTEAU À LA MAYONNAISE

Ingrédients

1 tasse de mayonnaise
1 tasse de sucre
1 c. à thé de vanille
2¼ tasses de farine tamisée
½ tasse de cacao
1 c. à thé de soda
1 c. à thé de poudre à pâte
1 pincée de sel
3/4 tasse d'eau froide

Préparation

- Mélanger la mayonnaise au sucre et à la vanille.
- Tamiser ensemble la farine, le cacao, le soda, la poudre à pâte et le sel.
- Ajouter ces derniers ingrédients aux premiers en alternant avec l'eau et en battant très bien après chaque addition.
- Verser dans un moule rond de 9" tapissé de papier ciré.
- Cuire au four à 350°F de 25 à 30 minutes.

GLACE FONDANTE AU CHOCOLAT

Idéale pour rehausser la saveur du gâteau à la mayonnaise

Ingrédients

4 onces de fromage à la crème
1 à 1½ c. à table de lait
2½ tasses de sucre à glacer tamisé
1 carré de chocolat non sucré
1 c. à thé de vanille
1 pincée de sel

Préparation

- Faire fondre le chocolat puis le laisser tiédir.
- Bien mélanger le fromage au lait.
- Ajouter graduellement le sucre en mêlant
- Ajouter le chocolat, la vanille et le sel en brassant constamment puis couronner le gâteau de cette merveilleuse glace.

TARTE ESTIVALE AUX FRAISES

Ingrédients

1 paquet de poudre pour gelée aux fraises
2 tasses d'eau bouillante
3/4 tasse de sucre
2 c. à table de fécule de maïs

Préparation

- Amener la poudre pour gelée, l'eau, le sucre et la fécule de maïs à ébullition.
- Laisser refroidir.
- Lorsque le mélange est mou et froid, le verser dans une croûte à tarte remplie de fraise fraîches ou congelées mais sans leur jus.
- Servir froid garni de crème fouettée.

MOUSSE SUPREME AU CHOCOLAT

Ingrédients

2 paquets de 16 onces de chocolats mi-sucrés
16 œufs
1 demiard de crème 35%
1/4 de tasse de rhum

Préparation

- Prendre un bol sorti du congélateur et y déposer la crème.
- La fouetter fermement.
- Séparer le jaune des blancs d'œufs. Conserver les blancs et bien fouetter les jaunes.
- Faire fondre le chocolat au bain-marie.
- Mélanger le chocolat fondu aux jaunes d'œuf et bien mêler le tout.
- Ajouter le rhum.
- Incorporer 5 à 6 c. à soupe de crème chantilly à la fois jusqu'à épuisement de la crème.
- Battre les blancs en neige ferme.
- Ajouter les blancs au chocolat, graduellement (2 à 3 c. à soupe à la fois). Plier jusqu'à ce que les blancs disparaissent.
- Rebattre immédiatement les blancs s'ils ont tendance à ramollir.
- Mettre le tout dans un autre bol et réfrigérer au moins 24 heures.

J. Schmidt

SALADE DE FRUITS À LA CRÈME SURE

Ingrédients

1 boîte de 28 onces de salade de fruits
½ demiard de crème sûre
½ paquet de guimauves miniatures
1 paquet de poudre pour gelée à la saveur de votre choix

Préparation

- Faire la gelée selon le mode d'emploi.
- Bien égoutter les fruits.
- Dans un grand bol, mélanger la salade de fruits, la crème sûre et les guimauves.
- Ajouter la gelée coupée en petits cubes.
- Laisser au réfrigérateur avant de servir.

LA TOURTIÈRE À BEATRICE

Donne environ huit tourtières de grandeur moyenne.

Ingrédients

4 livres de porc dans la fesse
4 livres de bœuf dans le haut côté
2 pattes de porc ou ½ tête de porc
5 oignons moyens
épices au goût (clous de girofle, sel, poivre etc.)

Préparation

- Faire mijoter la viande, les épices et quatre oignons pendant quatre heures à feu moyen ou jusqu'à ce que la viande se détache des os.
- Laisser refroidir.
- Défaire la viande en morceaux ou en lanières.
- Couler le jus et le laisser refroidir.
- Dégraisser le liquide refroidi et le faire mijoter.
- Ajouter la viande coupée et mijoter encore une heure en mettant un oignon entier qui sera retiré à la fin de la cuisson.
- Goûter et ne pas hésiter à ajouter des épices si désiré.

Andrée Boucher

ANDRÉE BOUCHER

2 février, 82.

«Toi Ginette, jamais je n'ai entendu quelqu'un dire du mal de toi...» C'est ce que me disait Andrée au téléphone hier soir...

Il n'y a qu'une amie qui puisse me dire cela...

Nous nous connaissons depuis bon nombre d'années sans vraiment nous connaître. Nous nous aimons d'intuition...

Lorsque Denis Monette a demandé à son amie comédienne, Andrée Boucher, si elle voulait participer à mon livre «Les Meilleures Recettes de mes Amis», Andrée a répondu «Oui» avec empressement et j'ai reçu ses recettes sur-le-champ.

Merci Andrée, je sais que nos lectrices seront ravies de goûter tes plats.

Bon Appétit à tous!

P.S. Toutes les fois que je pense à toi, j'ai l'impression de penser à une sœur...

Nous avons peut-être été «sœurs» dans «une autre vie», qui sait?...

S. Schmidt

FRAISES AU «POIVRE»

«Etonnant mais succès assuré et aussi incroyable que cela puisse paraître, ça ne goûte pas le poivre.»

A faire l'été lorsque les fraises sont belles et bonnes.

1. Choisir un bol (en verre de préférence — la couleur du dessert est aussi belle que le goût est bon).
2. Y mettre les fraises bien triées — asséchées si on a dû les laver — (si on doit laver les fraises le faire avant d'enlever la queue sinon elles goûteront l'eau).
3. Ajouter du poivre *du moulin* en abondance, il ne faut pas avoir peur de poivrer — puis saupoudrer avec du sucre et bien mélanger le tout avec délicatesse, mais longuement jusqu'à ce que le jus commence à sortir.
4. Mouiller alors avec du pastis (une bonne cuillerée à soupe par deux tasses de fraises).
5. Ajouter à peu près la même quantité de Grand Marnier.
6. Remuer à nouveau pour mélanger les saveurs et les jus.
7. Au dernier moment ajouter la valeur de 2/3 de tasse de crème 35%. Mélanger pour la dernière fois.

Servir aussitôt.

FRAISES À LA CRÈME

Pour quand les fraises ont moins de goût et nos amis un bon foie.

Un gros bol (en verre) de fraises
1 demiard de crème sûre
1 demiard de crème 35%
Du bon sirop d'érable

Dans le bol du malaxeur, battre la crème sûre — puis ajouter la crème 35%. Mélanger jusqu'à consistance crémeuse. Ajouter le sirop d'érable au goût. Rebattre encore et ajouter aux fraises.

MES ESCALOPES DE VEAU À L'ESTRAGON

Pour 4 personnes.

«Pour étonner des amis sans passer la journée dans la cuisine»

4 belles escalopes de 4 onces chacune environ
1 cuillerée à soupe d'huile d'olive
1 bonne pincée d'estragon haché
1 peu de mayonnaise (maison si possible)
sel — poivre

1. Faites revenir les escalopes dans l'huile — salez — poivrez. Lorsque le veau est bien doré des 2 côtés, ajoutez 2 bonnes cuillerées à soupe d'eau chaude. Couvrez la poêle et continuez la cuisson 30 minutes **à très petit feu.**
2. Pendant ce temps, barbouillez le fond d'un plat de service (un peu creux) de 2 cuillerées à soupe de mayonnaise et de l'estragon haché.
3. Mettez les escalopes sur le plat barbouillé, versez dessus la sauce brûlante et servez vite vite.
4. Il arrive que le jus des escalopes soit trop réduit dans ce cas ajoutez un peu d'eau chaude — déglacez bien le poêlon et laissez donner un bouillon avant de verser.

LE PESTO

«Cette sauce accompagne des spaghettis froids, c'est délicieux sur la terrasse l'été.»

1. Basilic frais (on en trouve au marché vers la fin juin, je crois — il se cultive aussi très bien chez soi).
2. Hachez une grande quantité de feuilles de basilic (une grosse poignée pour quatre) — mettez-le dans un mortier avec un peu de sel.
   Ajoutez un brin de marjolaine — quatre cuillerées à soupe de parmesan (frais) râpé.
3. Mélangez bien, puis versez de l'huile d'olive goutte à goutte en travaillant bien le mélange pour qu'il devienne une pâte lisse, vert clair.

4. Sur des spaghettis bien rincés pour qu'ils ne soient pas collants (frais mais pas glacés), on verse **le pesto** et on déguste immédiatement.

On accompagne le Pesto d'une grosse salade et on a un repas complet.

POULET AU CURRY ET AU COCO

1 gros poulet ou 2 petits
1 gros oignon
3 tomates
2 cuillerées à café de curry
1 bouquet garni
150 grammes (ou 10 c. à soupe environ) de noix de coco râpée
80 grammes de beurre (ou 5½ c. à soupe)
3 gousses d'ail
50 grammes de farine (environ 5 c. à soupe)
sel — poivre — eau

1. Dans une cocotte faire revenir dans le beurre le poulet découpé en morceaux — le retirer.
2. Faire dorer l'oignon émincé dans le même beurre.
3. Ajouter les tomates grossièrement écrasées et épépinées — faire revenir.
4. Remettre les morceaux de poulet — ajouter la farine — le curry — un verre d'eau et le bouquet garni — saler — poivrer — amener à très petite ébullition, puis cuire à feu doux.
5. Râper la noix de coco sèche et la faire infuser dans de l'eau bouillante — poser une étamine sur une passoire — filtrer le jus de coco obtenu par infusion en pressant fort pour extraire tous les sucs blanchâtres du coco râpé.
6. Ajouter le jus de coco râpé à la cuisson du poulet au fur et à mesure que celle-ci réduit.

NOTE: Cette recette vient d'Afrique, on trouve maintenant sur la rue St-Laurent dans les épiceries spécialisées du jus de coco en boîte — le poulet est aussi bon et la recette devient bien simple à faire.

MA TREMPETTE «D'ÉTÉ»

Pour faire manger des légumes aux enfants et aux adultes.

1 gros contenant de yogourt nature
1 gros contenant de fromage cottage en grains
1 enveloppe de crème de poireaux «Know Swiss»
«Aromat Know Swiss»
poivre — pas de sel

Dans un grand bol, on mélange, au malaxeur, le yogourt — le fromage cottage — la crème de poireaux (pas diluée) on épice au goût avec les «Aromat Know Swiss» on poivre — si la trempette nous semble trop épaisse, on l'allonge avec de la crème sûre ou du lait — on couvre le bol et on laisse reposer quelques heures au réfrigérateur.

On sert cette trempette avec:

Du chou-fleur (en bouquets)
Du poivron rouge (doux) en lanières assez grosses
Du poivron vert (doux) en lanières assez grosses
Du brocoli (en branches)
Des échalotes
Des champignons frais (bien lavés et essuyés)
etc.

On peut aussi si on aime cette combinaison, ajouter de la trempette à des fruits en boîte comme pêches — poires — abricots.

PORC À L'ORANGE

(Etrange mais très bon.)

1 filet de porc de 4½ ou 5 lbs (désossé)
½ tasse de beurre environ (un peu moins selon la grosseur du filet)
2 verres à liqueur de cognac
4 verres de vin blanc
8 carottes
os de veau
6 oranges
sel — poivre — thym — laurier

1. Faire fondre le beurre dans une cocotte en fonte émaillée (pas en fonte noire) lorsqu'il est chaud y faire revenir le filet de porc — les carottes coupées en rondelles fines — les os de veau. Lorsque la viande est dorée de toutes parts — verser le cognac — flamber. Mouiller avec le vin blanc — saler — poivrer — thym — laurier.
2. Laissez mijoter pendant 2 heures.
3. Sortez le porc de la cocotte — gardez-le au chaud.
4. Dégraissez la sauce en la passant au chinois à travers un linge fin trempé dans de l'eau froide.
5. Ajoutez le jus de 4 oranges ainsi que leur zeste taillé en lanières (on fait d'abord cuire les zestes 2 minutes dans l'eau bouillante).
6. Remettez cette sauce à bouillir.
7. Pendant ce temps — couper le filet de porc en tranches régulières et le remettre en forme sur un plat de service un peu creux.
8. Versez la sauce sur le porc coupé et décorez le tour du plat avec des demi-tranches d'oranges pelées. Servez bien chaud.

NOTE: Avec un riz sauvage c'est génial.

«MON BOURGUIGNON»

Avec du bœuf — 4 livres — dans l'épaule ou la ronde, mais aussi avec de l'orignal ou du caribou. Demandez à votre boucher de couper la viande en morceaux de 2 pouces carrés environ et demandez-lui d'enlever tout le gras.

1. **Faire revenir** (dorer) au beurre les morceaux de viande.
2. **Ajouter:** Bacon coupé (1/4 de livre environ)
   Oignons (1 gros ou 2 petits, émincés)
   Champignons (frais ou morceaux en boîte réserver le jus)

   Sel — poivre — thym — laurier
   1/4 de tasse de persil haché finement
   et 3 ou 4 petites échalotes **françaises**.
3. **Choisir** un bon vin rouge (pas un grand vin mais un bon vin) on a les sauces qu'on mérite.
4. **Ajouter** selon la quantité des viandes: eau bouillante — jus de champignons et vin rouge de façon à ce que le niveau de liquide arrive environ à mi-hauteur de la viande.
5. Fermer le couvercle et laisser mijoter **trois heures.** Veiller pendant la cuisson à entretenir le niveau de sauce (s'il baisse ajouter un peu de vin rouge ou d'eau si vous préférez).
6. Quand c'est cuit, enlever les morceaux de viande de la sauce. Ajouter à la sauce de la crème 35% à raison de une cuillerée à soupe par livre de viande.
   Puis dans un bol à soupe mélanger un peu de «corn starch» avec de l'eau froide, ajouter à la sauce, et recommencer l'opération jusqu'à la consistance désirée. Entre chaque addition de corn starch faire donner un bouillon à la sauce car elle épaissit en bouillant.
7. On ajoute à la sauce les morceaux de viande. On attend un peu avant de servir pour qu'ils s'imprègnent bien de la sauce.

SOUPE À L'OIGNON AU ROQUEFORT

«Pour changer un peu de la traditionnelle soupe à l'oignon».

Pour 4 personnes.

1 livre ½ d'oignons
4 cuillerées à soupe de beurre
½ tasse de fromage roquefort
2 cuillerées à soupe de cognac
1 noix de muscade
2 cuillerées à soupe de gruyère
pain rassis
sel — poivre

Faites fondre le beurre dans une casserole et mettez-y à dorer, à petit feu les oignons épluchés et hachés grossièrement.

Lorsqu'ils sont cuits, versez par dessus 6 tasses d'eau bouillante — salez — poivrez — ajoutez un peu de noix de muscade râpée et laissez cuire 5 minutes.

Couvrez le fond d'un plat à gratin (profond) de fines tranches de pain rassis (baguette) puis émiettez finement dessus le roquefort. Versez sur ce lit la soupe à l'oignon sans remplir le plat jusqu'au bord. Ajoutez le cognac. Parsemez le dessus du plat de gruyère râpé et mettez au four pas trop chaud pendant 1 heure environ. Servez dans le plat de cuisson.

Yvanka Jolicoeur

AUBELIN JOLICŒUR
ou
HAÏTI CHÉRIE, pays'm ci la moê rainmin li...

Je survole Montréal et toutes les lumières de la ville que je vois en bas sont autant de pierres précieuses que je rapporte d'Haïti et qui brillent dans mon cœur. Amoureuse Haïti attachante, toi qui sait me faire vibrer jusqu'au plus profond de mes entrailles, je te remercie de me mettre en état d'efflorescence toutes les fois que mon pied touche ton sol. Comme si c'était une résurrection à chacun de mes retours chez toi...

A la seule évocation de ce nom tant aimé, Haïti... une gamme de couleurs déferle devant mes yeux: variété de teints plus ou moins foncés... «taps-taps», ces espèces d'autobus dans lesquels sont entassés les uns sur les autres le plus de passagers possibles, avec leurs coqs, leurs poules, leurs tresses de bananes... les bougainvillées, les frangipaniers, les poinsettia et les flamboyants qui encadrent les maisons... les marchandes habillées de couleurs vives descendant de la montagne en portant sur leur tête des kilos d'oranges ou d'énormes sculptures de paniers d'osier...

Et la musique!!! ce rythme qui vous prend si fort que vous ne pouvez vous empêcher de vous laisser entraîner sur la piste de danse... Et qu'est-ce qu'ils bougent bien ces haïtiens!... la sensualité vivante... Et comme j'aime danser avec toi, Aubelin Jolicœur!...

Aubelin Jolicœur... toi que j'ai surnommé «Papillon» dès mon premier séjour à Port-au-Prince en 1966. «Tu portes bien ton nom»... te disais-je à l'époque... Aujourd'hui, je te dis: «Tu portes bien ton cœur...»

«Belle fleur, comme tu aimes le papillon!
Ce n'est aussi qu'une fleur envolée un jour de fête;
Et s'il n'a pas de l'abeille l'aiguillon,
il meurt trop vite, il meurt avant d'atteindre le faîte.

Je préfère donc être l'abeille à ce que tu dis,
car «semblable à l'abeille en nos jardins éclose,
de différentes fleurs j'assemble et je compose
le miel, ce doux miel que je produis.»

Et connais-tu l'histoire de l'abeille de l'Hybla
dont parle Virgile dans ses merveilleux écrits?
Quand toi fleur, mon cœur te vit, il trembla;
Et abeille je rêvai d'en faire un miel exquis.»

Aubelin,
Port-au-Prince 8 / 3 / 67

Je reviens toujours d'Haïti d'autant plus riche que ma coupe se trouvait vide à mon départ de Montréal...

Et cette fois-ci, j'ai rapporté dans mes bagages ces quelques recettes haïtiennes que mon ami Aubelin a bien voulu nous offrir...

Aubelin... cet homme mêlé à toutes les sauces, puisqu'en plus d'être journaliste et poète, il est critique d'art et propriétaire d'une galerie d'art lui-même; il a été à un certain moment «ministre» à l'Office du Tourisme haïtien, et c'est à juste titre qu'il a été nommé en 82 «L'Homme de l'Année» puisque lorsque son pays a besoin d'une personne qualifiée pour le représenter à travers le monde, c'est à Aubelin Jolicœur qu'est confié le titre «d'Ambassadeur».

POTAGE AU GIRAUMONT

½ livre de poitrine de bœuf en cubes.
½ livres de jarret de bœuf en cubes
1/8 de livre de lard salé gras en dés
1/8 de livre de lard de poitrine salé en dés
le jus de ½ orange amère*
1½ c. à thé de sel
le jus de ½ citron
le jus de ½ orange amère
1 clou de girofle
7 tasses d'eau tiède
3 tasses de giraumont, ou d'une autre variété de courge, en cubes
8 petits oignons entiers
1 tasse de carotte en dés
1 tasse de navet blanc en dés
2 tasses de chou émincé
2 branches de céleri tranché
¼ tasse de vermicelle, cassé en bouts de ½ pouce de longueur
½ c. à table de vinaigre
1 piment vert doux en dés
1 tomate pelée et coupée en morceaux
2 c. à table de beurre frais

Passer tous les morceaux de viande dans le jus de ½ orange et les déposer dans une marmite.

Ajouter le sel, le jus de citron, le jus de ½ orange, le clou de girofle et l'eau.

Chauffer jusqu'au point d'ébullition; écumer et laisser mijoter pendant environ 2 heures ou jusqu'à ce que la viande soit tendre.

*Chez nous, l'orange amère ou bigarade ne se trouve qu'à certaines époques sur le marché. La remplacer par l'orange dite à jus.

Ajouter le giraumont, les oignons, les carottes, le navet, le chou et le céleri et cuire pendant 45 minutes.

Ajouter le vermicelle, le vinaigre, le piment et la tomate.

Rectifier l'assaisonnement et cuire pendant environ 10 minutes.

Ajouter le beurre; brasser pour le faire fondre et servir immédiatement. (8 portions)

GRIOTS DE PORC

2 livres de porc frais, dans la cuisse, en tranches de 3/4 de pouce d'épaisseur
Le jus de ½ orange amère (ou orange dite à jus)
1 c. à thé de sel
Le jus de 1 citron
Le jus de 1 orange
Un petit piment rouge fort, en dés, ou un piment séché, émietté
Bananes «pesées» (recettes suivantes)
Rondelles de piment vert, doux
Persil
Morceaux de lime
Sauce «Ti-Malice» (notre recette suivante)

Couper le porc en cubes; passer les cubes dans le jus de ½ orange et les déposer dans un bol.

Ajouter le sel, le jus de citron, le jus de 1 orange et le piment fort; laisser mariner pendant 2 heures en brassant de temps à autre.

Cuire la viande, avec la marinade, à feu doux, pendant environ 1¼ heures jusqu'à ce qu'elle soit tendre. On peut si on le préfère, cuire la viande dans la marmite à pression, pendant 12 minutes.

Egoutter la viande; laisser refroidir le bouillon et le dégraisser.

Faire fondre la graisse et y faire revenir les cubes de viande, jusqu'à ce qu'ils soient dorés; veiller à ce qu'ils ne se dessèchent pas.

Déposer la viande revenue dans un plat de service chaud; garnir de bananes pesées, de rondelles de piment vert, de persil et de morceaux de lime.

Servir avec la sauce «Ti-Malice». (8 portions.)

SAUCE TI-MALICE

1 tasse de liquide de cuisson de porc (ajouter un peu d'eau si cela est nécessaire)
2/3 de tasse de jus d'orange amère (ou d'orange dite à jus)
1 c. à table de jus de citron
4 oignons verts émincés
1 gros piment vert doux en dés

Mettre tous les ingrédients dans une casserole et faire réduire, par ébullition, à ¼ de tasse.

Passer au mélangeur-broyeur ou presser à travers un tamis.

BANANES «PESÉES»

Le jus de ½ orange amère (ou d'orange dite à jus)
½ c. à table de jus de citron
3 bananes très vertes
Friture (au moins 4 pouces d'épaisseur)

Mêler le jus d'orange et le jus de citron et bien enduire les bananes de ce mélange.

Trancher les bananes à ½ pouce d'épaisseur. Chauffer la friture à 370°F et y cuire les tranches de bananes pendant environ 1 minute ou jusqu'à ce qu'elles soient dorées.

Retirer les tranches de bananes de la friture; les aplatir avec la pelure des bananes ou à l'aide de 2 planchettes et les déposer dans de l'eau glacée, fortement salée (2 c. à table de sel pour 5 tasses d'eau) jusqu'à ce qu'elles soient refroidies.

Egoutter soigneusement les tranches de bananes et les plonger de nouveau dans la friture, pendant ½ minute.

Retirer de la friture; égoutter les tranches sur du papier absorbant et en garnir le plat de griots.

S. Schmid

RIZ NATIONAL

½ tasse de haricots rouges secs
2 tasses d'eau froide
½ tasse de lard salé en dés fins
1 gousse d'ail émincée
1 brindille de thym frais (ou ¼ de c. à thé de thym séché)
1 clou de girofle
1 branche de persil
1 piment vert doux en lanières
1 petit poireau émincé
1 c. à thé de sel, un peu de poivre
2½ tasses d'eau bouillante
1 tasse de riz
3 c. à table de beurre
persil
rondelles de piment rouge doux

Cuire les haricots dans 2 tasses d'eau, pendant environ 1 heure ou jusqu'à ce qu'ils soient tendres et les égoutter.

Faire frire le lard; y ajouter les haricots, l'ail, le thym, le clou de girofle, le persil, le piment vert, le poireau, le sel et le poivre.

Ajouter 2½ tasses d'eau bouillante; chauffer jusqu'au point d'ébullition et ajouter le riz. Laisser reprendre l'ébullition; couvrir et cuire à feu très doux pendant environ 20 minutes ou jusqu'à ce que l'eau soit absorbée.

Ajouter le beurre; couvrir et cuire encore pendant 1 ou 2 minutes.

Mêler délicatement avec une fourchette et déposer dans un plat de service.

Garnir de persil et de rondelles de piment rouge.

(8 portions)

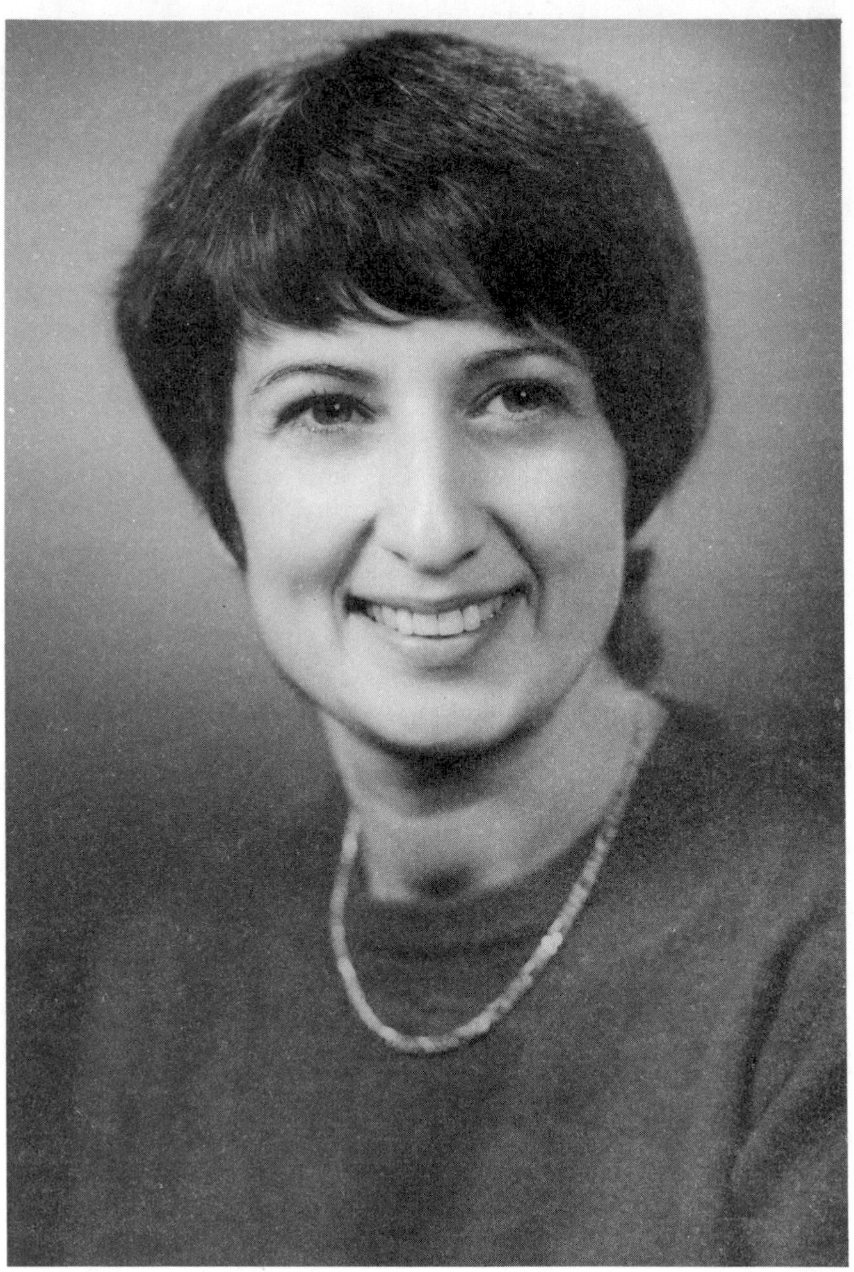

Naïry Kazazian

NAÏRY KAZAZIAN

Naïry... quel nom suave... c'est le prénom d'un poète arménien que l'on t'a transmis et il te va tellement bien... dans toute ta douceur, la pureté de ton cœur, et dans toute ta générosité... tu es une fille adorable, tous ceux qui te connaissent sont unanimes à le dire.

Je connais Naïry depuis plus de trois lustres déjà... C'était un soir de spectacle au Patriote, rue Ste-Catherine à Montréal.

Ce soir-là, en entrant dans ma loge, elle entrait définitivement dans ma vie.

Vêtue de son petit caban bleu marine, on me la présenta, et tout de suite à son accent, je repérai qu'elle n'était pas du pays. D'origine arménienne, née à Alexandrie, voilà ma petite égyptienne qui corrige ma prononciation lorsque je chante «Inch'Allah»... Merci ma tendre amie... Merci aussi de ton premier présent, ce très beau livre que tous devraient avoir sur leur table de chevet: «Le Prophète» de Khalil Gibran...

«Et un adolescent dit, parlez-nous de l'Amitié.
Et il répondit, disant:
Votre ami est la réponse à vos besoins.
Il est votre champ que vous ensemencez avec amour et
moissonnez avec reconnaissance.
Et il est votre table et votre foyer.
Car vous venez à lui avec votre faim et vous le
recherchez pour la paix.

Lorsque votre ami révèle sa pensée, ne craignez pas le «non»
de votre esprit, ni ne refusez le «oui».
Et lorsqu'il est silencieux votre cœur ne cesse
d'écouter son cœur;
Car en amitié, toutes pensées, tous désirs, toutes attentes
naissent sans paroles et se partagent dans une joie muette.
Lorsque vous vous séparez de votre ami,
vous ne vous affligez pas;
Car ce que vous aimez le plus en lui peut être clair
en son absence,

de même que pour l'ascensionniste la montagne est plus nette vue de la plaine.
Et qu'il n'y ait pas de but dans l'amitié sinon l'approfondissement de l'esprit.
Car l'amour qui cherche autre chose que la révélation de son propre mystère n'est pas de l'amour mais un filet jeté: et seul l'inutile est pris.

Et que le meilleur de vous-même soit pour votre ami.
S'il doit connaître le reflux de votre marée, qu'il en connaisse aussi le flux.
Car à quoi bon votre ami, si vous le cherchez afin de tuer le temps?
Cherchez-le toujours pour les heures vivantes.
Car il lui appartient de combler votre besoin, mais non votre vide.
Et dans la douceur de votre amitié, qu'il y ait le rire, et le partage des plaisirs.
Car dans la rosée des petites choses, le cœur trouve son matin et sa fraîcheur.»

Khalil Gibran

Et ces voyages, ensemble, en Haïti... Cette nuit passée à danser la meringue en plein champ de bananes, sous les cocotiers et sous le ciel étoilé... la pleine lune flamboyante illuminait le toit des cases environnantes...

La mer, le vent et le soleil couchant de Kyona Beach Club... et ce dimanche après-midi passé à Jacmel en ta compagnie... il y a des moments de sa vie que l'on aime cristalliser au creux de son cœur, et c'en est un...

Si Jésus revenait sur terre disant: «Laissez venir à moi les petits enfants», Il te regarderait en parlant... toi ma pure... mon âme d'enfant...

Mais ne laissons pas la lumière sous le boisseau, laissons plutôt Naïry nous éclairer sur quelques-uns des bons plats de son pays qu'elle sait si bien apprêter...

Régalons-nous et acceptons son sourire comme apéritif...

CANNELLONNI

45 crêpes
1½ livres de bœuf haché sans gras
1 petit oignon émincé
1 boîte de fromage ricotta
Mozzarella
fromage Jalsberg
persil
1 grande boîte de tomates pelées

1) Faire revenir la viande avec l'oignon dans une poêle teflon sans gras, lorsque c'est cuit, retirez du feu et laissez refroidir, saler.
2) Lorsque la viande est froide, ajouter le ricotta et le mozzarella râpé.
3) Entre temps, préparer une sauce tomate en faisant revenir un oignon dans de l'huile. Lorsque l'oignon est tendre, ajouter une grande boîte de tomates pelées (préférablement des tomates poires), y mettre aussi une branche de persil, saler. Laissez mijoter pendant ½ heure sur feu moyen.
4) Dans un plat allant au four, mettre une louche de sauce afin de couvrir le fond. Placer ensuite les crêpes remplies de la farce. Pour remplir les crêpes faites-le «à vue de nez».
5) Après voir placé les crêpes, couvrir d'une béchamel légère et par dessus de nouveau de la sauce, pour terminer râper du jalsbert dessus.
6) Cuire au four à 350°F durant ½ heure, avant de servir, mettre le four sur broil afin de colorer un peu la surface.

Bon appétit.

N.B.: Les crêpes doivent être minces et pour cela, il vous faut une pâte à crêpes légère.

Special du Jour
Creme Renversée
J. Schmidt

CRÈME RENVERSÉE

Caramel:

1) Faire fondre 8 c. à soupe de sucre à feu moyen. Lorsque le sucre fondu monte et descend dans la casserole, retirer du feu.
2) Verser également dans le moule et laisser refroidir.

Crème:

8 œufs (6 si extra gros)
½ c. à café de vanille
1 pinte de lait bouilli
1½ louche de sucre

1) Ajouter le sucre au lait chaud et attendre que ce soit tiède.
2) Mettre les œufs avec la vanille dans le malaxeur et mélanger.
3) Ajouter les œufs et la vanille au lait et au sucre.
4) Verser le liquide dans le moule.
5) Placer le moule sur un plateau allant au four, car ceci empêche la crème de cuire trop vite du bas.
6) Cuire au four à 350°F pendant 1 heure.

POIVRONS FARCIS

1 livre de bœuf haché mi-maigre
½ tasse de riz
1 gros oignon
2 gousses d'ail (ou plus)
1 citron
1 grosse boîte de tomates pelées
persil
sel
poivre
piments rouges broyés
10 poivrons moyens

Farce:

A) Mélanger la viande, le riz, l'oignon coupé finement ainsi que l'ail.

B) Ajouter les tomates et un peu de jus de citron.

C) Assaisonner au goût, sel, poivre, persil, piments rouges broyés.

Bouillon:

A) Consommé de bœuf plus de l'eau.

B) Ajouter le jus de tomate (de la boîte de tomate) ainsi que le jus de citron.

1) Enlever le cœur des poivrons et bien les laver.
2) Farcir les poivrons et les placer dans un plat qui va au four.
3) Ajouter le bouillon et quelques petit carrés de beurre.
4) Faire cuire à 350°F environ 2 heures.

SHISH KEBAB

Agneau: ½ lbs par personne
2 tomates ou plus
2 oignons ou plus
Huile
Citron
Sel
Poivre

1) Couper l'agneau en cubes.
2) Mettre les cubes dans un bol et ajouter les tomates et les oignons coupés en deux.
3) Ajouter un peu d'huile et de jus de citron.
4) Assaisonner avec sel et poivre.
5) Garder au réfrigérateur jusqu'au lendemain.
6) Mettre la viande sur les broches et faire cuire sur charbon de bois.
7) Vous pouvez servir avec un riz ainsi que des tomates et poivrons cuits sur charbon de bois.

ROULADE GÉANTE

1 grande tranche d'épaule de bœuf
2 tranches de porc (aussi de l'épaule).
10 branches de persil
5 gousses d'ail en pâte
Romano râpé

Pour la sauce:

1 grande boîte de tomates pelées
1 oignon coupé en dés
1 branche de persil
sel

1) Ouvrir la tranche de bœuf et placer par dessus les 2 tranches de porc.
2) Etaler l'ail sur la viande ainsi que le persil haché finement.
3) Saupoudrer le fromage romano.
4) Rouler la viande et bien la ficeler comme un rôti.
5) Faire rossir la roulade dans un mélange de beurre et d'huile, attention de ne pas brûler le gras.
6) Retirer la viande de la casserole et y mettre l'oignon.
7) Lorsque l'oignon est tendre, ajouter les tomates que vous aurez passées au passe-légume, mettre aussi la branche de persil.
8) Laisser mijoter 15 minutes après lesquelles vous ajouterez la viande.
9) Cuire sur feu moyen au moins 2 heures.
10) Servir la sauce sur un bon plat de pâtes faites à la maison, et la viande avec des poivrons frits avec un peu d'huile.

FOIE DE VEAU À LA «BALADI»

1 livre de foie de veau
4 branches d'oignon vert
1 petit oignon
1 petit bouquet de persil
2 c. à café de cumin
8 oz. de liquide: (2 oz. vinaigre blanc ou moins si l'on n'aime pas le goût du vinaigre et 6 oz. d'eau tiède).

1) Coupez le foie en petits cubes. Saupoudrer le foie de farine de façon à ce que les cubes soient bien couverts de farine.
2) Dans une poêle mettre une cuiller à soupe de beurre et un peu d'huile. Lorsque l'écume disparaît, ajouter les cubes dans la poêle.
3) Cuire le foie sur feu moyen. Lorsque le foie est cuit, ajouter le cumin et le liquide ainsi que le sel. Couvrir et laisser mijoter quelques minutes.
4) Entre-temps vous aurez lavé et coupé le persil ainsi que les oignons.
5) Dans un plat à service avec couvercle, mettre le persil, les oignons par dessus et lorsque le foie aura mijoté quelques instants l'ajouter et couvrir. Laisser au moins 20 minutes.
6) Au moment de servir bien mélanger. Il ne reste plus qu'à se servir et à déguster cet excellent plat du moyen-orient avec un bon riz blanc.

OSSO BUCCO

5 tranches de jarret de veau (épaisseur 1")
farine
huile
beurre
4 carottes
1 branche de céleri
2 oignons
1 gousse d'ail
romarin, thym
sel, vin rouge de table

1) Enfariner les tranches de veau.
2) Dans une poêle, faire fondre du beurre et un peu d'huile.
3) Faire brunir les jarrets de veau.
4) Retirer la viande de la poêle.
5) Couper les carottes, les oignons en rondelles et la branche de céleri ainsi que l'ail en petits morceaux.
6) Mettre le tout dans la poêle.
7) Sur un feu vif, faire revenir le tout, tout en remuant constamment, jusqu'à ce que les carottes soient cuites.
8) Ajouter les jarrets de veau dans la poêle.
9) Ajouter 1 verre (3/4 de vin rouge et ¼ d'eau).
10) Assaisonner: romarin, thym et sel.
11) Couvrir — cuire à feu doux, jusqu'à ce que la viande soit cuite et tendre.

FEUILLES DE VIGNE – DOLMA

2 pots de feuilles de vigne
1½ lbs de bœuf haché mi-maigre
1 gros oignon émincé
4 tomates pelées
2 citrons
3/4 tasse de riz
sel, poivre
bouillon de bœuf
1 c. à soupe sauce tomate

Feuilles:

A) Laver les feuilles à l'eau froide.

B) Mettre les feuilles lavées dans une casserole d'eau bouillante et laisser monter une fois.

C) Retirer les feuilles de vignes et mettre dans une passoire sous l'eau froide.

Farce:

A) Mélanger la viande, le riz, les oignons, les tomates et les citrons.

B) Assaisonner au goût.

1) Placer les feuilles de vignes, nervures vers l'intérieur, verser la farce.
2) Couper les tiges et rouler.
3) Placer des feuilles non-farcies dans le fond de la casserole et par dessus les feuilles de vignes farcies, vous pouvez mettre des gousses d'ail entre les rangées.
4) Ajouter le bouillon de bœuf et 1 c. à soupe de sauce tomate.
5) Faire bouillir 1 fois.
6) Baisser le feu et laissez mijoter, pendant 1½ heure.
7) Avant d'éteindre le feu, presser un citron.

TARTELETTES AUX ÉPINARDS

24 mini-tartelettes congelées
1 paquet d'épinards bouillis, égouttés et coupés finement
1 oignon coupé très petit
1 c. à soupe de beurre
1 œuf
2 c. à soupe fromage romano râpé
2 c. à soupe fromage parmigiano (parmesan)

Préparation:

1) Mettre beurre et oignon dans une poêle et faire revenir jusqu'au ramollissement de l'oignon.
2) Ajouter les épinards et cuire 10 minutes, à feu doux.
3) Lorsque c'est tiède, ajouter l'œuf, les fromages ainsi que 5 c. à soupe de béchamel.
4) Remplir les tartelettes avec le mélange et couvrir avec de la béchamel.

Cuisson:
Cuire comme indiqué sur la boîte de tartelettes.

Béchamel:
1 c. à soupe beurre
1 c. à soupe farine
1 tasse lait tiède
1 œuf

Fondre le beurre et ajouter la farine. Remuer durant 5 minutes, ensuite verser le lait et remuer constamment jusqu'à ce que vous obteniez une crème lisse. Lorsque la crème est froide, ajouter l'œuf entier.

Denise Dard

Michel Berthold

Dr Walter H. Lechler

MICHEL BERTHOLD

L'été dernier, le physicien Jean E. Charon, à qui on avait demandé de donner une conférence lors d'un Congrès sur l'alcoolisme, Congrès qui réunirait plusieurs médecins, psychiatres et psychologues venus de différents pays, m'a alors proposée à l'organisateur Michel Berthold, afin que je puisse y apporter mon témoignage et y faire un tour de chant.

Le Congrès aurait lieu à la mi-octobre, au Foyer du Renouveau, Centre d'Aide Sociale et de Post-Cure, à Dijon, France.

Lorsque Michel a donné son consentement à ma venue à Dijon, ni lui ni moi ne savait alors qu'une très grande amitié était déjà amorcée. Dès notre première rencontre, je l'ai trouvé fort sympathique.

Après mon témoignage, le Dr. Walther H. Lechler, directeur d'une clinique psychosomatique à Bad Herrenalb en Allemagne, m'a avoué combien il serait heureux que je puisse aller donner mon témoignage, qu'il traduirait simultanément aux invités de sa clinique.

Les dés étaient jetés: comme Michel et Walther étaient de grands amis, je partirais en auto accompagnée de Michel, de Ghislaine, petite Canadienne pure laine qui faisait alors un stage à Dijon à titre de travailleuse sociale, et de Bernard, directeur du Château de Vellerot, Château logeant plusieurs pensionnaires alcooliques où j'ai eu l'immense bonheur d'aller «partager» avec eux.

Quel merveilleux voyage!... Jamais je n'oublierai la sensation que j'ai eue en me promenant en pleine Forêt Noire. Tout inspirait le calme, la paix, la sérénité, la Force et la Beauté...

Et ce petit village de Riquewihr en Alsace... que de trésors cachés...

Et le Mont-Ste-Odile... la petite chapelle remplie de pélerins qui chantaient des Hymnes au Très-Haut... C'est au cours de ce voyage que s'est scellée notre Amitié.

Dans une dernière lettre, Michel m'écrit: «J'ai apporté ton livre «Vivre Vingt-Quatre Heures à la Fois» au Château, et comme ils ont déjà lu le premier, ils se mettent à lire celui-ci avec le même intérêt.

Je remarque que tes ouvrages conviennent parfaitement à nos amis les pensionnaires alcooliques, si malheureux dans leur corps et dans leur âme. C'est une lecture à leur portée qu'ils comprennent par osmose. Ils s'y retrouvent. Et la spiritualité qui sert de référence ne leur fait pas peur. Ici, «peu osent en parler. Toi, tu oses!»

Et il continue en me félicitant des efforts que je dois apporter pour continuer mon ascension: «Je ne te dis pas cela parce que je t'aime, mais je t'aime à cause de cela...»

Mon doux, mon tendre Ami... Merci de m'aimer... et rappelle-toi que j'ai besoin de ton Amour pour continuer mon chemin...

S. Schmidt

BOULETTES MICHEL

Il s'agit d'une préparation mijotée et que l'on aura donc intérêt à prévoir pour au moins cinq à six personnes.

Je ne donnerai pas de proportions précises. Les ingrédients sont utilisés un peu à la fantaisie de chacun et le plat s'améliorera au fur et à mesure qu'on le renouvellera. Il sera aussi d'autant meilleur qu'on y mettra plus d'amour. Il faut tout d'abord faire cuire un pot-au-feu dont je donne la recette:

Pot-au-feu

Il est indispensable pour réussir un bon pot-au-feu de se servir d'un faitout en terre. En utiliser ici un de 6 à 8 litres.

Ingrédients:
Viande de bœuf dans la proportion de:
1 kg de plat de côte
1 kg de jarret avec l'os
½ kg de queue

Légumes:
navets, carottes, poireaux, céleri en branches
un oignon piqué de clous de girofles
une cuiller à soupe de moutarde de Dijon
quelques feuilles de basilic fraîches ou en poudre que l'on place dans un œuf à thé
un peu de noix de muscade, de poivre et de sel

Mettre 5 à 6 litres d'eau froide dans le faitout et la porter à ébullition.

Y plonger la viande et faire cuire une heure.

Au bout de ce temps, y jeter les légumes, saler, poivrer, y râper de la noix de muscade et mettre le basilic. Y faire fondre la moutarde.

Laisser cuire quatre heures à feu doux.

Boulettes

Ingrédients:
la viande du pot-au-feu désossée et dégraissée
un morceau de veau, une escalope de 200 grammes environ
un morceau de porc dans le persillé de 200 grammes environ
deux, trois ou quatre œufs
du persil haché en assez forte quantité
des gros oignons
du thym dont on ne garde que les feuilles sans utiliser la tige
de la noix de muscade, du poivre et du sel
de la farine
de l'huile
du beurre
une tranche de pain de mie

Hachis:

mettre en tas
la viande morcelée
le pain émietté
deux ou trois oignons émincés ou plus, suivant la grosseur.

Hacher le tout avec un hachoir à main, c'est essentiel si l'on veut obtenir un hachis composé de fines particules et non à l'état pâteux.

Faire un creux dans le hachis, y casser les œufs, y mettre le persil, les feuilles de thym, y râper un peu de noix de muscade, saler et poivrer.

Malaxer le tout avec une fourchette puis avec les mains.

Confection des boulettes:

Avec les mains, mettre le hachis en boules de 5 à 6 centimètres de diamètre environ et les rouler, au fur et à mesure dans la farine.

Les faire frire légèrement, en plusieurs fois suivant le nombre de boulettes, dans une poêle où l'on aura fait chauffer de l'huile.

Les griller en les tournant dans la poêle, avec une spatule en bois.

Cuisson des boulettes:

La cuisson ne peut pas se faire autrement que dans une casserole en terre, d'une contenance ici de 3 à 4 litres.

Eplucher deux, trois ou quatre oignons suivant la grosseur.

Les émincer.

Porter du beurre à ébullition dans la casserole, y jeter les oignons émincés et les faire dorer en les remuant avec la spatule; rajouter du beurre de temps en temps, si nécessaire. Lorsqu'ils sont dorés sans être brûlés, y adjoindre de la farine pour faire un roux. La quantité de farine à mettre est de 40 grammes par litre d'eau que l'on va utiliser. Faire dorer la farine mélangée aux oignons en la remuant sans interruption avec la spatule.

Lorsque le roux est à point, c'est-à-dire blond et non brun, verser tout en remuant deux à trois litres d'eau, qui peut être chaude.

Lorsque la sauce est onctueuse, y ajouter les boulettes de façon qu'elles soient recouvertes par le liquide. Si c'est nécessaire y ajouter de l'eau.

Laisser cuire, à petit feu, pendant quatre heures, en remuant de temps en temps.

Le goût des boulettes et le parfum de la sauce s'interpénètrent harmonieusement.

Les boulettes ainsi préparées peuvent s'accommoder de nombreuses garnitures, par exemple de purée de pommes de terre ou de riz.

TOMATES FARCIES

Le hachis tel qu'il a été obtenu peut servir à remplir des tomates préalablement creusées et dans le fond desquelles on a mis une cuiller à café de riz cru.

Placer les tomates dans un plat en terre beurré. Mettre sur le dessus de la farce de chaque tomate une noix de beurre.

Faire cuire au four chaud une bonne heure.

POMMES DE TERRE FARCIES

Eplucher de belles pommes de terre en sectionnant les extrémités de façon qu'elles puissent tenir debout. Préparer la quantité de pommes de terre nécessaires pour remplir une cocotte en fonte.

Les creuser dans le sens de la longueur en évitant de percer le fond.

Les remplir du hachis décrit précédemment.

Les placer dans la cocotte dont on aura garni le fond de saindoux.

Mettre une noix de beurre sur chaque pomme de terre.

Placer sur un feu doux, le couvercle de la cocotte mis.

Surveiller la cuisson de temps en temps et en profiter pour, à chaque fois que le couvercle est soulevé, prendre de la sauce dans le fond de la cocotte pour en arroser chaque pomme de terre.

Ajouter du beurre s'il y a tendance à attacher.

PÂTÉ DE FOIE DE LAPIN

Ingrédients:

le foie du lapin
les flanchets*
du lard maigre frais: même poids que celui de la viande
un peu de viande de porc
un œuf
un demi verre de crème fraîche
de l'ail, du persil, du sel
du thym et du laurier à garder pour la fin
un peu de mie de pain

Hacher le tout: ce peut être fait au hachoir mécanique. Le pain sert à nettoyer le hachoir, en sorte qu'il n'y ait rien de perdu!

Placer le tout dans une terrine en terre et placer dessus une branche de thym et un petit morceau de feuille de laurier.

Poser le couvercle et fermer le tour du couvercle avec un peu de pâte que l'on aura préparée à l'avance, faite avec de la farine et de l'eau. Cette précaution empêche une évaporation trop forte pendant la cuisson, évaporation qui ne doit s'effectuer que par la petite ouverture percée dans le couvercle.

Faire cuire au four et au bain-marie pendant 1h½.

Laisser refroidir et manger froid.

*Parties du corps entre le ventre et la cuisse.

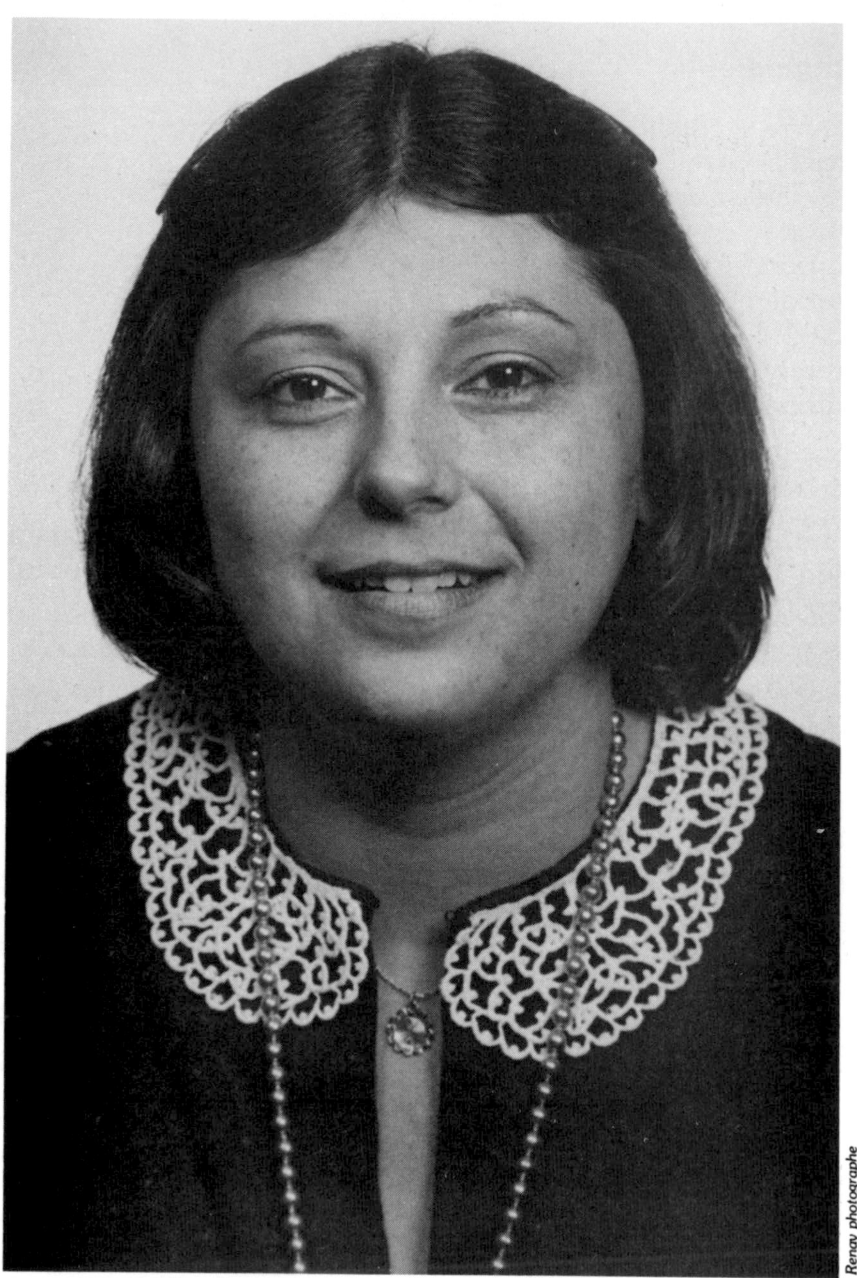

Renay photographe

Louise Labonté

LOUISE LABONTÉ

Le 3 février 1980, je donnais une conférence à Drummondville dans le cadre d'un Congrès pour les Lacordaires. J'ai connu Louise ce jour-là.

Non pas qu'elle ait eu affaire avec ce Congrès mais comme c'était une journée ouverte au grand public, elle en a profité pour venir m'entendre parler.

L'été suivant elle passait ses vacances d'été à ma maison de Deauville. Je me suis vite rendue compte que Louise était une fille qui savait aussi écouter mes silences. C'est une qualité précieuse. Particulièrement dans mon cas, parce que je suis une fille qui ne parle pas beaucoup dans la vie.

«Heureux deux amis qui s'aiment assez pour savoir se taire ensemble.» (Charles Péguy.)

Bonne, généreuse, quand elle fait quelque chose, elle le fait bien. Par exemple, lorsqu'elle cuisine. Laissez-moi vous avouer que j'ai un «petit faible» pour ses carrés aux dattes...

Goûtez-les et vous verrez...

Bon Appétit!

POUDING AU PAIN

8 tranches de pain déchiquetées
2 c. à table de beurre mou ou plus
½ tasse de raisin
2 œufs.
½ tasse de sucre
2½ tasses de lait
¼ de c. à thé de sel
1 c. à thé de vanille
¼ de tasse de cassonade
¼ de c. à thé de muscade
1 c. à thé de cannelle

Mêler le pain et le beurre dans un bol beurré. Ajouter le raisin. Battre ensemble, œufs, sucre, lait, sel et vanille. Ajouter au pain, beurre et raisins. Battre le tout à très faible vitesse (1 minute). Verser dans un moule beurré et laisser reposer 20 minutes. Saupoudrer de cassonade additionnée de muscade et de cannelle. Cuire au four 45 minutes à 350°F.

Servir avec sirop d'érable pur et crème.

POUDING CHÔMEUR

Pâte:
1 œuf battu
1 tasse de sucre
1 tasse de farine
½ tasse d'eau
2 c. à thé de poudre à pâte
vanille au goût

Sirop: 1 3/4 tasse de cassonade
1 3/4 tasse d'eau
1 c. à table de beurre

Bouillir le tout 5 minutes. Mettre la pâte dans une casserole graissée et mettre le sirop très doucement dessus.

Cuire à 350°F, 30 à 35 minutes.

HOMARD À LA NEWBERG

¼ de tasse de beurre
10 onces de homard, crevettes ou crabe ou un mélange de votre choix
1½ c. à table de farine
1 tasse de crème à café
3 jaunes d'œufs
½ tasse de crème à café
1 c. à thé de sel
1/8 c. à thé de poivre de cayenne
2 c. à thé de jus de citron
2 c. à table de Sherry

Faire fondre le beurre dans une casserole épaisse, saupoudrer la farine et bien mêler.

Retirer du feu, ajouter 1 tasse de crème d'un seul coup. Bien mêler et cuire sur feu moyen en brassant jusqu'à ce que le mélange soit bouillant. Ajouter le homard. Retirer du feu.

Battre les jaunes d'œufs et la ½ tasse de crème à la fourchette, ajouter sel, poivre, jus de citron et poivre de cayenne. Mettre une cuillerée de sauce avec le mélange de jaunes d'œufs pour réchauffer ce dernier et verser dans la sauce.

Servir sur des timbales.

JAMBON À LA BIÈRE

1 jambon de 5 à 6 lbs
3 tasses d'eau froide
3 tasses de bière ou moins selon le goût
2 oignons moyens
1 feuille de laurier
1 tasse de mélasse
1 carotte et une branche de céleri
sel et poivre

Glace: ½ tasse de sucre brun
eau froide

S. Schmidt

Mettre le jambon dans une grande marmite et ajouter tous les autres ingrédients. Faire cuire à feu doux durant 4 à 4½ hres. Laisser refroidir dans le liquide.

Retirer le jambon de la casserole, et enlever la couenne. Si vous le désirez, faire des incisions en forme de diamants dans le gras du jambon et piquer un clou de girofle, dans chaque losange. Placer le jambon dans une grande lèchefrite, la partie grasse sur le dessus et glacer. Cuire au four à 400°F jusqu'à caramélisation.

Si vous le voulez, vous pouvez servir le jambon sans l'avoir mis au four. Il est tout aussi délicieux et moins sucré.

SHISH KEBAB

½ tasse de Ketchup
4 c. à soupe de sauce Catalina
4 c. à soupe de cassonade
10 gouttes de tabasco
2 c. à soupe de sauce Worscesthershire
½ c. à thé de sel d'ail

Brochettes:
Si vous prenez des cubes de qualité moyenne ils peuvent être marinés 1 journée dans la sauce, ce qui les attendrira et ils seront tout aussi délicieux. Voici en ordre ce qui compose la brochette:

1 morceau de piment vert
1 cube de bœuf
1 morceau de bacon
1 morceau ou 1 petite tomate
1 champignon entier
1 morceau d'oignon

Badigeonner de sauce plusieurs fois durant la cuisson. Cuire 7 à 10 minutes au broil. Servir sur riz. Napper la brochette de sauce.

BOULETTES DE VIANDE EN HORS-D'ŒUVRE

1 gousse d'ail
3 c. à table de beurre, margarine ou huile
2 livres de bœuf haché
2 œufs battus
1 tasse de lait
2 tasses de chapelure de pain ou de biscuits soda
1 c. à thé de sel
½ c. à thé de macis
1 c. à thé de poivre noir

Mêler et façonner en boulettes minuscules. Faire ramollir l'ail dans le beurre à petit feu. Retirer l'ail et faire brunir les boulettes. Ajouter la sauce BBQ de l'ouest et laisser mijoter environ 1 heure. Servir chaud. Donne une soixantaine de boulettes.

Sauce B.B.Q. de l'ouest

1 c. à table de beurre, margarine ou huile
3/4 de tasse d'oignons hachés fins
1 tasse de Ketchup
1 tasse d'eau bouillante
1 cube oxo au bœuf
½ tasse de mélasse
¼ tasse de cassonade
2/3 tasse de vinaigre
2 c. à thé de moutarde en poudre
½ c. à thé de sel
poivre noir
1 pincée de poivre de cayenne

Faire sauter l'oignon dans le beurre. Dissoudre le cube oxo dans l'eau bouillante. Ajouter à l'oignon, ajouter ensuite le ketchup et les autres ingrédients.

Couvrir et mijoter 20 minutes.

ROAST BEEF

1 morceau de bœuf dans la pointe de surlonge de 3 à 4 livres
3 c. à table de beurre
3 c. à table de moutarde de Dijon
1 oignon en tranches
1 gousse d'ail pressée

Mêler moutarde et beurre. Enduire le morceau de bœuf de cette préparation. Ajouter sur le dessus l'ail et les tranches d'oignon. Chauffer le four à 475°F. Déposer le rôti non couvert pour saisir 5 minutes. Réduire ensuite à 325°F, 20 minutes par livre.

Sauce:
Déposer le rôti sur un plat de service. Mettre la casserole sur feu moyen, déglacer la casserole avec de l'eau froide, ajouter de l'accent au goût, du concentré de bœuf, fécule de maïs, sel et poivre. Couler si nécessaire.

CARRÉS AUX DATTES

1½ tasse de farine tout usage
¼ c. à thé de soda à pâte
1½ tasse de gruau
1½ tasse de cassonade
1 tasse de beurre

Garniture aux dattes:
1 lb. de dattes
1 tasse d'eau chaude
¼ de tasse de sucre
1 pincée de sel
1 c. à thé de vanille

Commencer par la garniture: mélanger dattes, eau chaude, sucre et sel. Faire cuire sur feu modérément chaud jusqu'à ce que les dattes aient absorbé l'eau et soient ramollies, aromatiser et laisser refroidir. Mélanger farine et soda à pâte, incorporer au gruau et à la cassonade, bien mélanger. Incorporer le beurre avec une fourchette jusqu'à ce que le tout s'émiette. Tasser la moitié de cette composition au fond d'un moule carré de 9 pouces, graissé, recouvrir de la garniture refroidie.

Tasser la moitié de la composition friable sur le dessus; émietter le reste légèrement. Mettre au four modéré (350°F) de 20 à 25 minutes.

FRUITS AU CITRON CONGELÉS

2/3 tasse de beurre ou de margarine
1/3 tasse de sucre
3 tasses de céréales écrasées
1 bte de lait «Eagle Brand»
½ tasse de jus de citron reconstitué «Realemon»
1 préparation à tarte au citron
1 bte de salade de fruits de 17 onces bien égouttés
2 tasses de crème à fouetter

Dans un chaudron moyen, fondre le beurre, ajouter le sucre, retirer du feu et ajouter les céréales. Bien mêler. Dans un plat, 13 x 9 étendre la préparation de céréales, sucre et beurre. Mettre au four à 300°F pour 12 minutes.

Refroidir. Dans un grand plat, mêler le lait eagle brand et le jus de citron, ajouter la préparation à tarte et la salade de fruits bien égouttés. Etendre dans la croute refroidie.

Garnir de crème fouettée et d'un peu de céréales. Congeler 4 heures au moins. Sortir au moins 20 minutes avant de servir.

Khalid Kaouache

KALID KAOUACHE

Tout au long de mon cours sur l'Islam à l'Université du Québec, un garçon attira mon attention à plusieurs reprises.

Je le trouvais brillant. Lorsqu'il interrompait le «prof», André, ce n'était pas pour rien dire. Les précisions qu'il apportait en classe étaient adéquates.

Kalid est un garçon de 25 ans, de nationalité marocaine. Arrivé à Montréal, le 12 / 9 / 81, il entre en Sciences Politiques à L'UQAM, étudiant dans le cadre de la coopération culturelle Maroc-Québec.

Dans une entente culturelle entre le Maroc et le Québec, certains professeurs, ingénieurs etc... québécois se chargent d'aller former les étudiants marocains sur place, c'est-à-dire au Maroc même.

D'autre part, les universités québécoises sont accessibles aux étudiants marocains qui désirent s'y inscrire.

Kalid nous offre les recettes de son pays,
Kalid, nous te disons «choukranne», merci,
et à tous, Bon Appétit!

S. Schmidt

BOULETTES DE KEFTA AU RIZ

Proportion pour 8 personnes.

½ verre à thé de riz
700 g de Kefta (viande hachée)
1 oignon
1 bonne pincée de safran
½ cuillerée à café de poivre
100 g. de beurre
1 poignée de persil haché
½ verre à thé de jus de citron (naturel)

Temps de cuisson 35 à 45 minutes.

Laver le riz, le mélanger à la Kefta. Faire des boulettes de la grosseur de billes d'enfants, jeter ces boulettes au fur et à mesure dans la cocotte. Placer sur feu modérément chaud, ajouter 2 verres d'eau, oignon râpé, safran, poivre, beurre. Saler et cuire à couvert en remuant de temps à autre.

Une fois le riz cuit, ajouter une poignée de persil haché et le jus de citron. Laisser frémir quelques minutes et retirer du feu avant que la sauce ne s'épaississe, lorsqu'on prépare le Kefta au riz à l'avance, la sauce risque de s'épaissir en refroidissant, le riz ayant absorbé le jus, ajouter alors un peu d'eau au moment de réchauffer et servir bien chaud.

POISSON AU FOUR

Il faut tout d'abord préparer le chermoula ou marinade de poissons.

Dosage pour 3 kg de poisson. Réduire ou augmenter les proportions suivant le poids. Rincer et piler un gros bouquet de coriandre, ajouter un demi verre d'eau avec la quantité de sel, nécessaire à l'assaisonnement, 3 ou 4 gousses d'ail écrasées, puis ajouter:

½ cuillerée à café de piment fort, pilé
2 cuillerées à soupe de piment doux
1 cuillerée à soupe de cumin
2 cuillerées à soupe d'huile

Tout ça c'est la «Chermoula».

Temps de cuisson 1 heure et 15 minutes.

Choisir un poisson tel que le pageot, daurade, loup de 3 kg environ, le vider, bien laver à l'eau salée, l'entailler légèrement sur le dos (afin de faire pénétrer la marinade) et le faire mariner quelques heures dans la «chermoula».

Une heure et demie avant le repas, couper en rondelles très fines 1 kg ½ de pommes de terre, les étaler dans un plat qui va au four, placer le poisson bien mariné sur cette couche de pommes de terre. Laver et couper en deux 2 kg de tomates, les épépiner, réserver leur jus. Placer ces tranches de tomates sur le poisson et tout autour. Ajouter 3 ou 4 poivrons grillés et coupés en deux dans le sens de la longueur et 2 ou 3 petits poivrons piquants entiers. Verser sur les tomates la «chermoula» restante et le jus de tomates, ajouter une louche 3/4 pleine d'huile. Saupoudrer le tout de sel fin et de persil haché bien poivrer. Faire cuire au four modérément chaud. Arroser de temps à autre, le poisson avec son jus.

Lorsque le poisson est presque cuit, verser le jus dans une casserole et laisser réduire jusqu'à obtention d'une sauce meilleure. Servir brûlant accompagné de sauce.

POULET FARCI AU PERSIL ET CUIT À LA VAPEUR

Proportions pour 2 poulets de 3 livres chacun

1 kg de tomates
2 bols pleins à ras bord de persil haché
2 branches de céleri haché
l'écorce d'un citron confit
½ cuillerée à café de piment fort pilé
1 cuillerée à café bien remplie de poivre
2 noix de beurre
sel — cumin

Temps de cuisson 1 heures.

Hacher finement, persil, céleri et écorce de citron confit, y mélanger un kilo de tomates coupées en morceaux. Saler, ajouter poivre et piment fort. Introduire cette farce à l'intérieur des poulets, y adjoindre une noix de beurre pour chaque volaille. Placer dans le haut du couscoussier, mettre la marmite à couscous contenant 3 à 4 litres d'eau bouillante. Servir accompagné de sel et de cumin mélangés dans une petite assiette.

La même préparation pour:

Poulet farci au riz et cuit à la vapeur
avec un verre à eau plein de riz

POULET AUX PRUNEAUX ET AU MIEL

Proportions pour 2 poulets de 3 livres chacun.

500 g de pruneaux
1 cuillerée à soupe de sésame grillé
200 g. d'amandes
1 cuillerée à café bien remplie de poivre
1 cuillerée de safran en sachet
1 bâton de cannelle
2 oignons râpés
200 g de beurre
1 cuillerée à café de cannelle
4 cuillerées de miel épais
sel

Temps de cuisson 1 heure 30 minutes.

Trousser les poulets, les mettre dans une cocotte, saler, ajouter poivre, safran, bâton de cannelle, oignons râpés, beurre. Arroser de 2 grands verres d'eau. Cuire à couvert sur feu modérément chaud, en retournant les poulets de temps à autre. Ajouter de l'eau si nécessaire en cours de cuisson.

Lorsque les poulets sont cuits, que leur chair se détache facilement avec les doigts, les retirer du feu. Laver les pruneaux et les verser dans la cocotte toujours sur le feu. Au bout de 15 minutes, ajouter la cannelle et le miel. Réduire jusqu'à obtention d'une sauce mielleuse. Vérifier l'assaisonnement et remettre les poulets dans la marmite sans écraser les pruneaux. Retirer du feu.

D'autre part, émonder les amandes, les faire frire à l'huile quelques minutes avant le repas, et paner au four les graines de sésame.

Au moment de servir, réchauffer les poulets, sans plus. Laisser réduire la sauce.

Dresser sur un plat, placer les pruneaux sur les poulets. Verser la sauce dessus, décorer avec les amandes frites et les graines de sésame.

La même préparation pour:
Viande de veau aux pruneaux et au miel

POULET AUX OIGNONS SUCRÉS

Proportions pour 2 poulets

4 kg d'oignons
1 kg de tomates
1 cuillerée à café de poivre
safran
250 g de beurre
4 à 5 cuillerées à soupe bien remplies de sucre en poudre
1 cuillerée à soupe de cannelle
1 bâton de cannelle
sel

Temps de cuisson 1 heure 30 minutes environ.

Découper les poulets en morceaux. Les mettre dans une cocotte, saler, ajouter safran, poivre, beurre, bâton de cannelle. Arroser d'un grand verre d'eau.

Laisser bouillir quelques minutes sur feu modérément chaud. Bien mélanger les épices et ajouter les oignons coupés en rondelles de 1 cm d'épaisseur et les tomates coupées. Après quelques bouillons, retirer les morceaux de poulets et les placer dans un plat allant au four. Ajouter, immédiatement dans la cocotte toujours sur le feu, sucre en poudre et cannelle, mélanger et placer oignons et tomates sur les morceaux de poulets. Verser le jus par-dessus et cuire au four en arrosant de temps à autre avec le jus.

En fin de cuisson, verser la sauce dans une casserole et la laisser réduire jusqu'à obtention d'une sauce plus épaisse. Lorsque les poulets sont cuits et que les oignons sont dorés et caramélisés à la surface, retirer du feu. Dresser sur un plat, les oignons recouvrant les poulets. Verser dessus la sauce et servir.

LES ESCARGOTS

Proportions pour 5 à 4 kg d'escargots.

1 cuillerée à soupe de grains d'anis vert «hablet Hlaoua»
3 cuillerées à soupe de carvis «Kerouiya»
5 cuillerées à soupe de thym «Zaatar»
1 cuillerée à soupe de piment doux
1 cuillerée à café de thé vert
2 morceaux de racine de réglisse «arksous»
2 branches d'absinthe «chiba»
5 branches de menthe verte
l'écorce d'une orange douce
7 ou 8 piments forts
3 ou 4 grains de gomme arabique «meska beldia»
sel

Laver les escargots à grande eau 7 fois de suite. D'abord 4 fois les frotter avec une grosse quantité de sel, puis 3 autres fois à l'eau claire. Bien brasser dans un baquet, et lorsque l'eau dans laquelle les escargots baignent devient limpide, la jeter et laisser égoutter les escargots. D'autre part, dans une grande marmite, mettre 5 à 6 litres d'eau, laisser bouillir, saler, et verser dans cette eau, épices non pilées et herbes. Mélanger, laisser bouillir quelques minutes et verser dedans les escargots en bloc.

Il faut une heure à 1 heure 30 minutes de cuisson. Lorsque l'escargot se détache normalement de sa coquille et que sa chair n'est plus caoutchouteuse, vérifier l'assaisonnement et retirer du feu. Servir baignant dans le bouillon chaud ou tiède suivant les goûts (peut se conserver au frais 3 à 4 jours).

QUARTIER DE MOUTON MÉCHOUI «GRILLÉ»

Proportions pour 8 à 10 personnes.

Choisir un quartier de mouton, épaule et côtes de 3 kg ½
1 cuillerée à soupe bien remplie de piment doux
1 cuillerée à café de cumin
100 g de beurre fondu
sel nécessaire à l'assaisonnement

Enduire le quartier de mouton. Décoller la peau sous l'épaule et introduire un peu de mélange à l'intérieur. Mettre à cuire au four, la face charnue contre la plaque. Ajouter un verre d'eau. Arroser de temps à autre avec le jus afin que la viande ne se dessèche pas. Au bout de 2 heures de cuisson, retourner la viande pour faire dorer l'autre face. Laisser encore une demi-heure environ au four et retirer du feu après avoir vérifié si la chair se détache facilement avec les doigts. Mettre la viande sur un plat sans le jus et manger encore brûlant assaisonnée de cumin et de sel.

COUSCOUS AUX SEPT LÉGUMES

Le plat national marocain par excellence

Proportions pour 10 personnes.

1 kg de couscous en paquet (St-Laurent)
500 g de choux
500 g de courges rouges
500 g de carottes
250 g de pomme de terre
250 g de tomates
250 g d'aubergines
3 ou 4 petits piments piquants, au goût

1 kg de fèves fraîches

2 poulets ou

1 k 500 g de viande (épaule de mouton ou jarret de veau)

2 cuillerées à soupe de piment doux

1 cuillerée à café de safran

1 kg d'oignons

6 litres d'eau

sel

150 g de beurre pour enduire le couscous une fois cuit

Temps de cuisson: 2 heures environ.

Mettre l'eau dans la marmite à couscous, saler, ajouter piment doux, poivre, safran, 2 oignons coupés en quartier, laisser bouillir. Mettre le couscous dans le haut du couscoussier, le placer sur la marmite et luter les deux ustensiles à l'aide d'une bande de tissu trempé dans une pâte de farine et d'eau, afin que la vapeur ne s'échappe que par le haut.

Lorsque la vapeur commence à s'échapper du couscous, laisser cuire une demi-heure. Retirer alors le couscous, le verser dans un grand plat, l'écraser légèrement à l'aide d'une louche pour séparer les grains, le laisser refroidir et, l'arroser d'eau froide, l'aérer et répéter la même opération jusqu'à ce que les grains gonflés soient saturés d'eau. Laisser reposer afin qu'il absorbe bien toute l'eau.

Entre-temps, environ 1 heure avant de servir, mettre dans la marmite toujours sur le feu les tomates et les aubergines coupées en quartiers et non épluchées, puis les oignons, les carottes épluchées et coupées, et enfin les fèves sans leurs germes et les petits poivrons piquants.

Cuire à part dans un peu de bouillon, pommes de terre et courges coupées en quartiers.

Lorsque le bouillon qui est dans la marmite à couscous bout de nouveau, vérifier l'assaisonnement. Remettre le couscous dans le couscoussier, le replacer sur la marmite en ébullition, et luter les deux ustensiles de nouveau. Lorsque la vapeur s'échappe du couscoussier, le retirer et le verser dans le grand plat. Ajouter le beurre, bien mélanger et verser dessus autant de bouillon que le couscous peut absorber, tout en remuant. Placer alors dans un grand plat rond, déposer au centre légumes et viande ou poulet. Servir avec du bouillon à part pour ceux qui l'aiment bien arrosé.

Berthe Beauchemin

BERTHE BEAUCHEMIN

Du temps où je naviguais sur le St-Laurent, je garde un merveilleux souvenir des moments où, accostés sur le Chenail du Moine, nous allions chez Berthe Beauchemin manger sa Gibelotte des Iles de Sorel.

A toute heure du soir et du jour, Gilberte se faisait un plaisir d'allumer son poêle à bois et de nous préparer sa fameuse «Gibelotte» ainsi que ses petits filets de perchaude bien croustillants.

Pendant ce temps, son frère nous faisait faire la ronde des îles, notre bateau tirant beaucoup trop d'eau pour pouvoir passer dans ces petits chenaux.

Rêveuse comme je le suis de tempérament, je me revoyais facilement à Xochimilco au Mexique lors de mes 18 ans, les arbres s'effondrant dans l'eau, prêts à s'y engloutir.

Au retour, ça sentait bon le feu de bois comme lorsque, toute petite j'entrais chez ma grand-mère. J'ai toujours adoré la maison de Berthe avec son poêle à bois, ses longues tables où tout le monde s'aligne sur les bancs, les oignons crus dans le vinaigre qu'elle nous servait à satiété... mais tout ça, ce n'est que pour vous mettre l'eau à la bouche...

Laissons-lui l'opportunité de vous présenter elle-même sa Gibelotte,

et remercions-là du fond du cœur, parce que je sais de source sûre, qu'elle n'aurait pas donné sa recette à n'importe qui...

«J'ai toujours aimé Ginette, c'est une fille qui a une belle âme» disait-elle dernièrement à Tante Annette.

Moi, je te remercie d'avoir toujours été une personne très humaine, le cœur et les bras ouverts prêts à nous recevoir même aux moments où tu aurais, certes, préféré ta tranquillité...

Bon Appétit à Tous !!!

S. Schmidt

– RECETTE DE «GIBELOTTE» DES ÎLES DE SOREL –

Ingrédients:

1 — tasse (8 oz.) huile végétale
1 — oignon (moyen) haché fin
2 — cubes de (Oxo) — bouillon de bœuf concentré
1 — boîte de crème de tomate (8 oz.)
1 — boîte de pois verts (10 oz.)
1 — boîte de fèves vertes, longues (20 oz.)
1 — boîte de carottes entières (20 oz.)
1 — boîte de blé d'inde en crème (10 oz.)
2 lbs (environ), de pommes de terre coupées en cubes, (grosseur moyenne)
sel et poivre au goût
3 barbottes moyennes environ par personne

Préparation:

Utiliser de préférence un chaudron en fonte, ou d'aluminium assez résistant.

1. Verser d'abord l'huile végétale dans votre chaudron et faire chauffer à feu lent. Ajouter l'oignon haché fin et le laisser dorer, (non rôtir).
2. Ajouter un peu d'eau (environ 2 tasses), et laisser mijoter de 3 à 4 minutes.
3. Ajouter ensuite les pommes de terre en cubes, et couvrir d'eau à égalité.
4. Saler et poivrer au goût.
5. Ajouter les cubes d'oxo en ayant soin de les émietter sur le dessus de votre bouillon.
6. Amener au point d'ébullition et laisser mijoter le tout environ 10 minutes.
7. Ajouter alors la crème de tomate. Continuer à faire cuire à feu lent jusqu'à ce que vos pommes de terre soient presque cuites.

8. Vous ajoutez alors les pois verts, les fèves et les carottes.
9. Laisser mijoter le tout (toujours sur feu lent), environ 10 minutes, ou jusqu'à ce que vos pommes de terre soient cuites.
10. En tout dernier, ajouter le blé d'inde en crème. Amener à ébullition et laisser mijoter le tout, environ 2 minutes, sur feu lent, en ayant soin de brasser délicatement une ou deux fois, afin de ne pas défaire vos pommes de terre.
11. Goûter de nouveau et assaisonner si nécessaire.
12. Retirer complètement du feu.

Cuisson du poisson:

1. Dans un autre chaudron, remplissez à moitié d'eau, ajoutez du gros sel (environ 2 cuil. à table) et amenez à ébullition.
2. Ajouter alors votre poisson (barbotte) en ayant soin de ne pas laisser cuire plus de trois minutes. — Quand votre poisson fendille, il est cuit. — Retirer complètement du feu.

Comment servir la gibelotte:

1. Vous déposez d'abord votre poisson dans l'assiette à l'aide d'une cuillère trouée, afin de bien égoutter celui-ci. — Servir dans une assiette à soupe à rebord large.
2. Couvrir votre poisson avec la préparation de «GIBELOTTE», et servir.

Bon Appétit!

Ne pas oublier que la recette est pour 6 personnes.

Michel Bazinet (coiffeur)

MICHEL BAZINET, mon ami coiffeur...

Notre amitié a fait couler beaucoup d'encre...

La première fois que nous nous sommes vus, c'était au party de Noël chez Yvette Guilbert et Jean François en 1957.

En 82, je peux dire que nous n'avons jamais été aussi près l'un de l'autre.

Ce doit être ça l'Amitié...

«L'amitié est un «test» de la valeur de l'homme, une prise de conscience d'une autre valeur ***indépendante*** *qui peut se situer sur des plans différents, et qui s'appuie* ***sur l'estime et la confiance réciproques.*** *Si l'amour s'accompagne souvent de quelque violence, l'amitié se nourrit de sincérité, de transparence, de vérité, de bienveillance et de pardon. Parce que l'âme sent tout ce qu'il y a de superficiel dans les erreurs humaines, mais elle sait* ***que le fond est solide comme un roc,*** *comme la vérité elle-même. L'amitié inébranlable est un sentiment «saint», car elle représente déjà une quête de l'Absolu dans les labyrinthes du monde, où* ***tout se cherche,*** *aime, s'attire ou se repousse, que ce soit dans les formes de l'amour ou dans le domaine obscur de l'affinité chimique ou physique. L'amitié véritable est très difficile à découvrir, l'entente parfaite de deux êtres dissemblables peut ressembler à une gageure... et pourtant, il est quelques rares hommes à qui on a pu décerner ce titre de gloire... «L'ami des heures difficiles, l'ami des épreuves».*

«Les Cent Visages de l'Amour»
R. EMMANUEL

CÔTELETTES DE PORC AUX ANANAS

4 côtelettes de porc très épaisses, environ 1½ pouce
crème sûre
½ boîte d'ananas tranchés
ail au goût
sucre brun (cassonade)

Faire brunir les côtelettes de chaque côté.

Déposer les côtelettes dans une cocotte avec couvercle, allant au four.

Mettre une tranche d'ananas sur chaque côtelettes.

Dans le trou de l'ananas, mettre le sucre brun, juste assez pour remplir le trou...

Couvrir et mettre au four à 350°F pendant 35 minutes.

Après cuisson, enlever les côtelettes, les garder au chaud, avec le jus de la cuisson, rajouter la crème sûre et comme dirait un grand maître en gastronomie, napper les côtelettes de cette sauce et bon appétit...

FILET DE SOLE

Filet de sole (un morceau par personne)
Brocoli
Tomates rondes, en quartiers
Ail, au goût
1 boîte de crème de crevettes «Campbell»
1 quantité d'eau, ou de vin blanc, ou de cidre, ou de jus de pomme à votre discrétion ou à votre goût.
Fromage râpé, votre sorte préférée

Dans une casserole ou plat allant au four de forme rectangulaire déposer les filets de sole roulés et attachés par un cure-dent.

Sur les côtés du plat, mettre les morceaux de brocoli cuits.

Déposer artistiquement les quartiers de tomates autour des filets de sole.

Dans un mélangeur, mettre la boîte de crevettes et le choix de l'autre liquide, soit cidre, vin blanc ou jus de pomme, l'ail, et le fromage râpé.

Etendre ce mélange sur les filets.

Cuire au four à 350°F.

Temps 20 minutes.

S.Schmidt

POITRINE AUX ÉPINARDS

4 personnes.

4 poitrines de poulet désossées ou veau désossé
250 g de bacon
1 paquet d'épinards
6 oignons
1 citron
2 gousses d'ail
4 œufs durs
sel, poivre, muscade, margarine
jus de pomme

Préparation: 30 minutes / cuisson: 1 heure au four.

Plonger les épinards dans de l'eau bouillante, laisser cuire, égoutter.

Hachez tous les éléments de la farce, bacon, épinards, 2 oignons, ail, salez, poivrez, muscadez.

Placez la farce sur le milieu de la poitrine, mettez un œuf dur, couvrez avec de la farce. Fermez les poitrines, retenir avec des cure-dents. Mettez-les à dorer sur toutes leurs faces, dans une cocotte contenant de la margarine.

Ajoutez les 4 oignons restant, émincés. Mouillez avec le jus de pomme et un peu d'eau et le jus de citron. Poivrez, couvrez et laissez cuire doucement 1 heure. Pendant la cuisson, arrosez souvent la viande avec son jus.

Entrée ou fin de repas.

SALADE DE CERNEAUX DE NOIX

4 personnes.

1 belle laitue
½ céleri
2 pommes rouges
100 g de cerneaux de noix
2 citrons

Pour la mayonnaise:
¼ de litre d'huile d'arachide
1 jaune d'œuf
1 c. à soupe de moutarde forte
1 c. à café de vinaigre
poivre

Préparer la mayonnaise pour commencer. Dans un bol, travaillez avec un fouet la moutarde, le jaune d'œuf, le vinaigre, le poivre, délayer peu à peu avec de l'huile. Coupez les pommes en dés sans les éplucher, arrosez-les du jus d'un citron. Mélanger la salade et le céleri émincés, les pommes, les noix, le jus du 2ième citron et la moitié de la mayonnaise.

Dans un saladier, mettez des feuilles de laitue, remplissez le centre de la salade. Servir le reste de la mayonnaise en saucière.

TOMATES ET POMMES DE TERRE MÉRIDIONALES

Pour 6 personnes.
Cuisson 45 minutes à 400°F.

1,5 kg de pommes de terre
600 g. de tomates
300 g d'oignons
150 g. de gruyère râpé
1 verre d'huile d'olive
poivre, thym, ail

Epluchez les pommes de terre, coupez-les en rondelles, hachez les oignons. Disposez dans un plat à gratin des couches alternées de pommes de terre, tomates coupées en rondelles, oignons hachés, fromage râpé, un peu de thym, poivre, ail.

Terminer par des tomates saupoudrées de fromage, de thym, d'ail.

Arrosez du verre d'huile. Mettez au four chaud à 400°F jusqu'à ce que le dessus du plat soit fondu et gratiné.

Ce plat accompagne toutes les viandes.

MON AMIE VOULA...

Si vous passez au Salon de Coiffure Michel Bazinet, vous connaîtrez Voula. Manucure, pédicure, elle s'occupe de mes pieds et de mes mains depuis près de vingt ans.

Consciencieuse au travail, d'une nature extrêmement sensible, fidèle à ses amis, Voula aime parfois leur sucrer le bec avec un bon gâteau froid au chocolat...

Merci Voula de nous donner le secret de ta recette,
et sucrons-nous le bec à notre tour...

Bon Appétit!

S. Schmidt

GATEAU FROID AU CHOCOLAT

½ lb de beurre sans sel
1 paquet de biscuits thé (briser en petits morceaux)
5 œufs
1 tasse de sucre en poudre
½ tasse de lait
5 c. à soupe de cacao
Un peu de cognac ou vermouth au goût
1 lb de noix de grenobles hachés
1 paquet de vermicelle au goût de chocolat

Défaire le beurre en crème et ajouter les œufs et le sucre.

Bien mélanger.

Ajouter le cognac ou le vermouth.

Faire chauffer le lait et le cacao. Laisser refroidir et mélanger à la première préparation. Ajouter les noix, bien mélanger. Ajouter les biscuits brisés et mélanger avec le reste à la cuillère.

Mouler à la forme désirée sur un plateau à gâteau. Décorer de vermicelles au chocolat. Couvrir et laisser refroidir au réfrigérateur pendant 5 à 6 heures.

GÂTEAU CHAUD-FROID

400 grammes de chocolat
200 grammes de beurre
200 grammes de sucre
8 œufs
5 cuil. à soupe de farine, bien remplies

Pour parfumer:
1 cuil. à table de cognac ou de rhum
1 once ou 2 de café filtre chaud

Faire fondre le chocolat avec le café filtré, chaud.

Séparer les blancs des jaunes, mettre de côté.

Battre les jaunes avec le sucre, le beurre ramolli et la liqueur.

Ajouter le chocolat tiédi (si le chocolat est trop chaud, il cuit les jaunes d'œufs).

Ajouter les blancs battus en neige, bien mélanger à la spatule.

Cuire dans un moule à gâteau beurré et fariné, à 400°F pendant 25 minutes, ***pas plus.***

Mettre au réfrigérateur en sortant du four.

Démonter après 8 heures passées au frigo.

NOTE: Le meilleur chocolat que vous puissiez utiliser est le chocolat de ménage «Kohler» qui se trouve chez Steinberg, ou dans les délicatessen ou encore le Poulain, ou même le Lanvin. Ne pas prendre du «Baker's»: le sucré est trop sucré et le non-sucré ne l'est pas assez.

BAKLAWA

Sirop:

2 tasses d'eau
2 tasses de sucre
1 c. à soupe de miel
quelques gouttes de jus de citron

Faire chauffer jusqu'à ébullition, environ 10 minutes. Laisser refroidir.

Base:

1 lb de pâte feuilletée «phyllo»
1 lb de noix de grenoble (ou autre) hachées
1 c. à soupe de sucre
cannelle
2 œufs
3/4 lb de beurre sans sel fondu

Déposer 2 feuilles de phyllo dans un moule rectangulaire 12 x 24", approximativement. Badigeonner de beurre.

Répéter l'opération jusqu'à la moitié du paquet de phyllo. Mélanger les noix hachés, la cannelle, le sucre et les œufs. Déposer sur le «phyllo». Recommencer à déposer les feuilles de «phyllo» en alternant avec le beurre. Couper en forme de lasagne. Ajouter le reste du beurre. Mettre au four à 375°F jusqu'à ce que le «phyllo» soit bien doré. Au sortir du fourneau, ajouter immédiatement le sirop refroidi.

MOUSSAKA AUX AUBERGINES

3 ou 4 aubergines
2 ou 3 lbs de viande hachée
6 à 8 pommes de terre

Découper les aubergines en tranches ainsi que les pommes de terre. Saler un peu. Faire frire à l'huile les tranches d'aubergines et les pommes de terre. Au sortir de la friture, étancher ces tranches dans un tamis pour égoutter l'huile.

Prendre la viande hachée et la faire frire au beurre en y ajoutant des oignons râpés, ajouter sel, poivre et cannelle selon le goût. Ajouter une grosse cuillère à soupe de pâte de tomates, 1 c. de sucre dans la pâte, de l'eau et laisser cuire jusqu'à absorption du liquide. Prendre un plateau rectangulaire 12 x 14" approximativement, y placer une couche de pommes de terre déjà prêtes, puis une couche de viande hachée, et viennent ensuite les aubergines, saupoudrer le tout de parmesan râpé, puis une couche de béchamel déjà préparée.

Mettre au four à 375°F jusqu'à ce qu'il soit doré.

Béchamel:

3 grosses c. à soupe de Crisco
3 grosses c. à soupe de farine
1 pinte de lait
sel, poivre

Bien mélanger les ingrédients et lorsqu'épaissi, ajouter le parmesan et 4 œufs battus. Bien mélanger.

Studio Blanchet

Annette Valois

TANTE ANNETTE

Qui ne connaît pas Tante Annette?... J'en ai parlé à la télé, dans les interviews aux journalistes etc... Pourquoi je l'aime comme une mère?... parce que même les jours difficiles où personne n'osait venir me voir de peur d'attraper quelque virus, elle partait de Sorel en autobus en plein hiver malgré son âge avancé pour venir passer quelques moments avec moi dans ma tour... Chère Tante Annette...*

Il y a une quinzaine d'années, c'était sûrement «la vedette» qui l'intéressait alors.

Puis les années ont passé. Au fil de ces mêmes années nos sentiments respectifs ont beaucoup changé. Une amitié profonde et durable s'est installée au fond de nos cœurs.

Dieu savait qu'il existait sur cette terre une personne seule qui recherchait sans le savoir une enfant qu'Il n'avait pu lui donner.

La première fois que je suis entrée dans sa petite maison de Sorel, j'ai ressenti les vibrations de paix et de sérénité qui se dégageaient de ces murs.

Etait-ce peut-être la présence encore bien réelle de sa maman Amanda qui calmait mon intérieur quoiqu'elle ait rejoint le Paradis depuis plusieurs années déjà.

Depuis lors, je ne manque pas une occasion de me retirer dans la petite maison si accueillante de Tante Annette.

Nous bavardons, nous nous faisons les cartes pour nous amuser, nous écoutons de la musique, nous nous taisons, nous lisons, nous nous imprégnons du tic-tac de l'horloge dans le silence... nous nous aimons. Ce sont toutes ces petites choses bien simples qui nous procurent un grand bonheur.

*Voir «Je vis mon Alcoolisme», Editions Québecor.

Durant les mois d'été, j'arrive à n'importe quel moment, comme un cheveu sur la soupe, avec ma petite voiture sport décapotable, et je lui dis: «Fais ta valise, nous partons»... Et nous voilà sur une route sans destination, cheveux aux vents, le cœur léger, sans aucune contrainte.

A 68 ans, elle est aussi jeune que moi. Et comme elle me le dit elle-même: «Je rajeunis de jour en jour avec tout ce que tu m'apprends. Je ne pense plus de la même manière qu'avant.»

On a l'âge de son cœur et le cœur n'a pas de rides...

Tante Annette est cuisinière chez les Frères de la Charité de Sorel. Son Supérieur Yvon, l'enfant gâté Henri et le sage Marius peuvent bénéficier de ses gâteries depuis plus de douze ans.

C'est à nous maintenant qu'échoit le plaisir de se pourlécher les babines en essayant surtout ses mokas et son gâteau soleil...

Bon Appétit à tous!

TARTE AUX PACANES

Un fond de tarte de 9 pouces (non cuit)
1 tasse de sirop d'érable
2/3 de tasse de sucre
1/4 de tasse de beurre fondu
3 œufs
1/8 c. à thé de sel
1 tasse de moitiés de pacanes

Mélanger dans un bol tous les ingrédients sauf les pacanes. Battre au batteur d'œufs jusqu'à mélange homogène. Verser dans le fond de tarte. Parsemer de moitiés de pacanes. Cuire à 375°F, 45 minutes.

GÂTEAU ROULÉ

1 tasse de farine
1 c. à thé de poudre à pâte
½ c. à thé de sel
3 œufs
1 tasse de sucre
¼ tasse d'eau froide
1 c. à thé de vanille

Graisser un moule à gâteau roulé de 10" x 15" et le tapisser de papier ciré, graisser de nouveau.

Battre les œufs et le sucre à grande vitesse jusqu'à ce qu'ils soient épais et pâles, (environ 5 minutes.)

Ajouter farine, poudre, eau et vanille. Bien mélanger.

Etendre la pâte dans le moule préparé. Cuire à 375°F, 15 minutes.

Rouler le gâteau avec la serviette sans serrer, dérouler le gâteau refroidi, couvrir de confiture de framboises, rouler de nouveau, saupoudrer le dessus de sucre à glacer tamisé.

PAIN AUX BANANES

1 3/4 tasse de farine
2 c. à table de poudre à pâte
½ c. à thé de sel
1 tasse de bananes écrasées
1/3 tasse margarine
2/3 tasse sucre
2 œufs

Préparation:
Tamisez farine, poudre à pâte, sel, sucre. Crémer la margarine. Ajouter les œufs au mélange de farine en alternant avec la purée de bananes. Cuire à 350°F, 1 heure. Moule beurré.

PAIN AUX NOIX ET AUX FRUITS DE MARIE BOURCIER

2 tasses de farine tamisée
2 œufs
½ tasse de sucre
1 tasse de dattes hachées
1 tasse de lait
4 c. à thé de poudre à pâte
½ c. à thé de sel
3/4 tasse de noix hachées finement
1 c. à table de zeste d'orange
2 c. à table de margarine

Préparation:
Tamiser ensemble la farine, la poudre à pâte et le sel. Ajouter le sucre, les noix, les dattes et le zeste d'orange. Bien mélanger. Combiner les œufs battus, le lait de beurre ou margarine fondue. Incorporer aux ingrédients secs en manipulant le moins possible. Verser dans une casserole à pain graissée de 8 x 5 x 3 pouces.

Laisser reposer 20 minutes. Cuire 50 à 55 minutes (à four modéré / 350°F).

Laisser refroidir avant de trancher.

PAIN À LA VIANDE D'AMANDA

2 livres de chair à saucisse
1 livre de bœuf haché
1 tasse d'oignons émincés
4 tasses de pain frais émietté
3 c. à thé d'épices à volaille
1 œuf

Bien mélanger tous les ingrédients. Presser dans un moule à pain. Faire cuire à 350°F, pendant une heure trois quart à deux heures. Poser le moule sur papier d'aluminium ou plaque à biscuits afin de protéger votre four du jus de cuisson qui pourrait verser.

Vérifier après l'heure de cuisson et recouvrir d'un papier d'aluminium si la surface est assez brune. Ce pain peut être servi chaud ou froid.

PÂTÉ AU SAUMON

1½ lb de saumon frais ou en conserve
1 tasse de sauce béchamel
2 tasses de pommes de terre en purée
4 oignons moyens
3 c. à soupe de beurre
croûte de tarte double

Chauffer le four entre 400 et 425°F. Cuire le saumon au court bouillon ou à la vapeur. Fondre les oignons dans le beurre jusqu'à ce qu'ils soient transparents et non rôtis. Ajouter le saumon, béchamel et les oignons. Mêler le tout. Etendre la moitié de la pâte dans une assiette à tarte. Mettre la préparation sur la pâte. Verser la purée très légère de pommes de terre par dessus. Couvrir avec le reste de la pâte. Mettre au four 30 minutes. Pour une purée de pommes de terre plus légère, ne pas oublier une cuillerée à table de poudre à pâte.

PÂTE À TARTE

3 tasses de farine
3 c. à thé de poudre
3/4 livre de Crisco
1 œuf
1 c. à thé de sucre
3/4 tasse de lait

Bien incorporer le «Crisco», à la farine et couper en petits morceaux jusqu'à ce que ça devienne de petites boules.

Rajouter ensuite le liquide.

Votre pâte est prête à revoir le rouleau à pâte...

Cette préparation est pour 3 tartes doubles cuisson, 20 mn. à 425°F.

Ne vous trompez pas, le rouleau n'est pas pour votre mari...

MOKA

5 œufs
1½ tasse de sucre
2 tasses de farine
1 cuil. à thé de poudre à pâte
½ tasse d'eau
1 cuil. à thé de vanille

Séparer les jaunes d'avec les blancs d'œufs.

Battre les blancs avec 3/4 de tasse de sucre.

Battre ensuite les jaunes avec 3/4 de tasse de sucre au malaxeur 10 minutes durant pour que le sucre soit bien fondu.

Ajouter la farine d'un même coup, la poudre à pâte et l'eau.

Verser la pâte soigneusement dans le moule préparé.

Cuire pendant 20 à 25 minutes.

Degré: 375F.

GLACAGE POUR MOKA

1 livre de sucre en poudre
½ tasse de crème 35%
½ tasse de margarine
1 cuil. à thé de vanille
1 cuil. à thé de café

Bien mélanger le tout.

Au goût, ajouter ou saupoudrer du coconut dessus.

Donne 5 douzaines environ.

TARTE AUX ŒUFS

4 œufs
½ tasse de sucre
1¼ tasse de lait

Battre les œufs et le sucre à la cuillère.

Ajouter le lait tiède.

Cuire 3/4 d'heure à four modéré à 375°F.

TARTE À LA FARLOUCHE

1 tasse de mélasse
3 tasses d'eau
1 tasse de cassonade
zeste d'orange ou de citron
8 c. à table de fécule de maïs

Mélanger la mélasse, l'eau, la cassonade et le zeste d'orange. Amener à ébullition. Délayer la fécule de maïs dans l'eau froide, y verser un peu de préparation chaude et ajouter le tout au mélange bouillant, remettre sur le feu. laisser mijoter quelques minutes.

GÂTEAU AUX POMMES

3 œufs
1 tasse de sucre
1 tasse de farine
½ tasse d'huile «Crisco»
2 cuil. à thé de poudre à pâte
3 grosses pommes coupées en tranches minces
1 cuil. à thé de vanille

Saupoudrer de la cannelle au goût, ainsi que de la cassonade et quelques morceaux de beurre.

Mettre les pommes dans un moule non graissé 8 x 8".

Ajouter la pâte sur le dessus.

Cuire de 3/4 d'heure à 1 heure.
Dregré: 350F.

TARTE AU SIROP D'ÉRABLE

1 tasse de sirop d'érable
½ tase de crème
½ tasse de farine
½ tasse d'amandes

Faire bouillir le sirop.

Epaissir le sirop avec la farine délayée dans très peu d'eau froide.

Ajouter la crème.

Cuire en brassant jusqu'à consistance lisse d'une bouillie épaisse.

Verser dans une abaisse de pâte de tarte cuite.

Déposer sur le dessus des amandes hachées.

BOULES DE BEURRE D'ARACHIDES

2 cuil. à table de beurre
½ tasse de beurre d'arachides (crunchy)
1¼ tasse de sucre en poudre
3 carrés de chocolat demi-sucré
1 cuil. à table de cire (parafine)
1 tasse de noix hachées fin

Crémer les 3 premiers ingrédients et rouler en petites boules.

Fondre le chocolat et la cire ensemble dans un plat (bain-marie).

A l'aide d'une fourchette, placer chaque boule dans le chocolat, ensuite dans les noix émiettées.

Déposer sur une tole graissée jusqu'à ce qu'elles soient fermes.

Cuire de 10 à 15 minutes.

Degré: 350F.

TOURBILLONS PRINTANIERS

Sirop:

2 tasses d'eau
1 tasse de sucre

Pâte:

2 3/4 tasses de farine (Robin Hood) ou tout usage
1 tasse de lait
4 cuil. à thé de poudre à pâte

1½ cuil. à thé de sel
3/4 livre de Crisco
1 tasse de pommes coupées en morceaux
1 tasse de fraises fraîches congelées tranchées
1/3 tasse de sucre
1½ cuil. à table de beurre

Mélanger l'eau et le sucre dans une casserole.

Mettre à feu doux jusqu'à dissolution du sucre.

Retirer du feu et laisser refroidir.

Faites votre pâte à tarte et pétrir délicatement.

Abaisser dans un rectangle de 10 x 12 pouces.

Etendre fraises, pommes coupées.

Rouler sur le sens de la longueur et sceller le bord.

Couper en 12 tranches de 1 pouce et déposer à plat dans le moule.

Cuire au four pendant 30 minutes.

Degré: 450F.

Au moment de servir, mettre le sirop sur les tranches.

BAISERS ESTIVALS D'OGUNQUIT

2 tasses de fraises fraîches ou congelées
½ tasse de crème 35%
1 bouteille de 28 onces de «Cream Soda»
6 onces de «Galliano»

Mettre le tout dans le «Blender».

Bien mélanger.

Sucrer au goût.

Ajouter de la glace concassée au goût et servir dans un grand verre.

GÂTEAU AU CHOCOLAT ET AUX NOIX

2/3 tasse de chocolat demi-sucré en morceaux
1/3 tasse de lait
3/4 tasse de margarine
3/4 tasse de sucre
1/2 tasse de noix hachées
2 œufs
1/3 tasse de farine tout usage tamisée avec
2 cuil. à thé de poudre à pâte
1/3 tasse de farine de riz

Chauffer le lait.

Ajouter le chocolat et délayer jusqu'à dissolution.

Hacher les noix, garder 5 noix pour la décoration.

Défaire en crème la margarine et le sucre jusqu'à l'obtention d'une mousse légère.

Ajouter les œufs en battant continuellement.

Tamiser la farine tout usage et la farine de riz.

Incorporer au mélange crémeux.

Ajouter le lait et le chocolat fondu.

Ajouter les noix.

Verser dans le moule.

Cuire une heure.

Degré: 375F.

Au milieu du four (étagère du centre).

DESSERT VITE FAIT

1 paquet de Jello aux framboises
1 tasse d'eau bouillante
2 tasses de crème glacée

Dissoudre le Jello dans:
1 tasse d'eau bouillante.

Ajouter 2 tasses de crème glacée.

Mettre au frigidaire pendant 2 heures et non au congélateur.

TRÈS BON...

BISCUITS MAISON

½ tasse de beurre
½ tasse de cassonade
1 œuf
1 tasse de farine tout usage
1 cuil. à thé de poudre à pâte
Un peu de sel

Mélanger tous les ingrédients et bien brasser jusqu'à consistance lisse.

Etendre par cuillerées à thé sur une plaque graissée.

Cuire au four à 400°F.

Temps: 10 minutes.

MOUSSE À L'ÉRABLE

1 tasse de sirop d'érable
2 blancs d'œufs

Faire chauffer le sirop jusqu'à ébullition (8 minutes).

Pendant ce temps, monter les blancs d'œufs en neige.

Ajouter le sirop d'érable chaud aux blancs d'œufs par petites quantités et en continuant de battre environ 5 minutes.

Cette mousse peut se servir froide ou chaude sur un gâteau non glacé.

P.S.: Se servir d'un malaxeur à la vitesse la plus élevée.

CROQUANTS AUX FRAMBOISES

1 1/4 tasse de gruau (farine d'avoine)
3/4 de tasse de farine
1 tasse de sucre
3/4 de tasse de noix hachées
3/4 de tasse de margarine
1 boîte de 19 onces de garniture pour tarte aux framboises

Mélanger les ingrédients.

Ajouter la margarine.

Bien mêler pour obtenir un mélange crémeux.

Dans un moule carré de 8" pouces, étendre la moitié du mélange et le tasser.

Recouvrir de la garniture aux framboises et étendre uniformément le reste du mélange sur les framboises.

Cuire au four 40 minutes.

Degré: 350F.

PAIN MAISON D'AMANDA

8 tasses de farine tout usage
4 cuil. à table de sucre granulé
4 cuil. à table de graisse (shortening végétal)
4 cuil. à table de sel fin
2 tasses d'eau
2 tasses de lait
2 à 3 œufs (facultatif)
1 enveloppe de levure sèche

Dissoudre la levure dans ½ tasse d'eau tiède avec une cuil. à thé de sucre, laisser reposer 10 minutes.

Faire chauffer le lait, l'eau, le sucre, le sel, la graisse et les œufs légèrement battus dans une casserole jusqu'à consistance un peu tiède.

Faire une fontaine dans la farine, y verser le liquide, bien mêler jusqu'à ce que la pâte ne colle plus aux doigts.

Laisser lever durant 2 heures avant de pétrir une première fois, ensuite laisser lever deux autres heures, pétrir une seconde fois et déposer dans des moules à pain, laisser reposer deux heures et enfin, cuire à 425°F, pendant 20 minutes et baisser le four à 400°F pendant une heure.

BEIGNES DE «MANDA»

3 œufs
1¼ tasse de sucre
3 cuil. à soupe de crème 35%
1 tasse de lait
1 tasse de patates pilées refroidies
3 tasses de farine, (1 tasse en plus pour épaissir)
3 cuil. à soupede poudre à pâte

Battre les œufs avec le sucre.

Ajouter la crème et les patates pilées.

Alterner la farine et le lait.

Bien pétrir la pâte.

Rouler et découper.

Cuire à grande friture dans du «Crisco».

Secouer la pâte avant de mettre dans le chaudron.

Egoutter sur un papier brun.

GÂTEAU SOLEIL

5 œufs
5 cuil. à table d'eau
3/4 cuil. à thé de crème de tartre
1/4 de cuil. à thé de poudre à pâte
1¼ tasse de sucre
1 tasse de farine
1 cuil. à thé de vanille

Séparer les œufs.

Fouetter les blancs.

Mettre à bouillir le sucre et l'eau environ 5 minutes.

Verser le sirop très lentement sur les blancs d'œufs en fouettant constamment.

Ajouter les jaunes d'œufs battus.

Tamiser la farine 5 fois.

Ajouter la crème de tartre.

Ajouter le sel.

Incorporer très légèrement en mettant 2 cuil. à la fois.

Verser la préparation dans un moule tubulaire non beurré.

Cuire 40 minutes au four.

Degré: 325 à 350F.

Renverser sur un gril et laisser refroidir 20 minutes avant de démouler.

SUCRE À LA CRÈME

5 tasses de sucre blanc
½ tasse de beurre
1½ tasse de sirop de maïs blanc
2/3 tasse de lait «Eagle Brand»
3/4 tasse de lait
amandes au goût
16 guimauves

Mélanger les ingrédients sauf les noix et les guimauves.

Cuire jusqu'à 238°F.

Ajouter les guimauves puis laisser cuire à peu près 2 minutes à 240°F, ne pas dépasser ce degré de cuisson.

Laisser reposer 5 à 10 minutes.

Avant de brasser, ajouter les noix.

TOURTIÈRES

1 lb 3/4 de lard haché
1 oignon moyen haché fin
sel
poivre
clou de girofle (¼ c. à thé)

Cuire lentement la viande au moins 1 heure.

Juste à la fin ajouter ½ tasse de lait qui fait attendrir la viande.

Laisser refroidir avant de mettre la viande dans la croute.

Cuire pendant ½ heure au four.

Degré: 400F.

PAIN AUX NOIX

½ tasse de beurre
1 œuf
3 tasses de farine
1 tasse de noix hachées
1 tasse de sucre
1 tasse de lait
3 cuil. à thé de poudre à pâte

Défaire le beurre en crème.

Ajouter le sucre.

Brasser pour faire fondre.

Incorporer les œufs bien battus, la farine tamisée avec la poudre à pâte et alterner avec le lait.

Additionner ce mélange de noix hachées.

Saupoudrer de farine.

Mettre dans un moule beurré.

Cuire une heure.

Degré: 350F.

LE STEW D'AMANDA

4 livres de bœuf (haut de ronde) en cubes
4 onces de petit lard coupé en petit cube
1/3 de tasse d'huile
1/2 tasse d'oignon émincé
1/3 tasse de farine
2 2/3 tasse de vin rouge
2 2/3 tasse de consommé de bœuf
1 feuille de laurier
1 cuil. à thé de sel
1 cuil. à thé de poivre blanc
3 tasses de carottes en cartiers.

Utiliser une grande marmite.

Brunir le bœuf et le lard dans l'huile après les avoir enfarinés.

Ajouter l'oignon.

Brunir en remuant.

Ajouter le reste des ingrédients sauf les carottes.

Couvrir et mijoter 3 heures.

Remuer de temps en temps.

Entre-temps cuire les carottes, bien les égoutter, les ajouter à la fin de la cuisson.

Pour 8 personnes.

Gilles W. Dault

GILLES W. DAULT, mon Ami Clairvoyant...

«Pour la première fois depuis que j'habite ma nouvelle maison, je me sers de ma bibliothèque. Et c'est à vous que je pense... à votre belle âme sans artifice...

J'aurais aimé rester chez vous plus longuement hier soir. J'ai eu l'impression de quitter, en vous laissant, une oasis de fraîcheur, de repos. Cette étrange sensation de laisser derrière soi ce qu'on ne veut pas laisser...

Chère Ginette, je vous aime et vous bénis de tout mon cœur. Que toutes les bénédictions soient à vous. Que la Paix soit avec vous.

Paix, Equilibre, Harmonie = Bonheur,

Gilles W. Dault.»

A ma première visite chez Gilles, j'ai eu, pour reprendre les mots exacts de sa lettre, «l'étrange sensation» en entrant dans sa salle de bains, où le mur était tapissé d'un tissu foncé garni de toutes petites fleurs, d'avoir déjà vécu cet instant... dans un autre temps...

Au moment où j'allais le quitter, il me dit: «Ginette, je sais que lorsque vous entrez dans une salle où il y a foule, ou lorsque vous vous promenez dans une rue bondée de monde, vous ressentez une certaine anxiété, vous êtes angoissée.

Ne vous inquiétez pas trop de cela, ça va passer. Tout provient du fait que lorsque vous étiez petite, vous ne vous êtes jamais sentie bien chez vous, on a même parlé de vous donner...»

Je suis restée estomaquée. Je n'avais jamais glissé mot à personne de ce moment de ma vie d'enfant où une gentille dame de Sorel voulait absolument m'adopter.

L'avenir a prouvé que je devais avoir une attache à Sorel puisqu'un jour, j'ai rencontré Tante Annette...

Comme nous possédons tous un don de clairvoyance plus ou moins développé, laisse-moi te dire, Gilles, toi mon Ami, ce que je vois en toi: une âme remplie de clarté, de piété, destinée aux grandes choses de la terre, si tu acceptes de les accomplir en toute humilité et toute simplicité.

Et nous, essayons les recettes que tu nous a préparées. Je sais que tu y a mis tout ton cœur et pour cela,

nous te disons Merci,

et... Bon Appétit!

AGNEAU MÉDICAL

1 gigot (4 ou 5 lbs)
1 tasse de jus d'orange avec cognac
1 seringue

Injectez le jus d'orange à l'agneau (la tasse au complet). Placez l'agneau dans une lèchefrite avec couvert. Pendant 2 jours réinjectez le jus à toutes les 8 heures environ.

Ensuite vient la cuisson: four à 450°F
15 minutes par livre

Farcissez votre gigot avec des languettes de jambon, des filets d'anchois roulés dans le persil et des pointes d'ail (préférablement trempées).

Faites braiser avec oignons, carottes en rondelles quelques couennes de lard, thym, laurier et herbes de Provence.

Placez au four. Arrosez souvent. A la mi-cuisson rajoutez des pommes de terre coupées en rondelles minces. Salez légèrement. L'agneau est aussi délicieux servi avec des haricots verts (cuits à part).

Bon appétit...

PAMPLEMOUSSES À L'ABRICOTINE

3 pamplemousses
1 boîte de litchis au sirop
3 bananes
raisins secs
6 abricots
2 verres d'Abricotine

Faites macérer les raisins secs dans un verre d'Abricotine. Coupez les pamplemousses en 2 transversalement, évidez-les sans abîmer l'écorce, enlevez la peau blanche qui entoure la chair des pamplemousses et mettez les morceaux de pamplemousses dans un saladier. Ajoutez les litchis, les bananes épluchées et coupées en rondelles, les abricots coupés en morceaux et les raisins secs. Mélangez. Versez cette préparation dans les demi-pamplemousses, arrosez avec une sauce faite avec le jus de la boîte de litchis et le verre d'Abricotine.

Servez frais.

Cette préparation peut être servie aussi bien en entrée qu'en dessert.

MELON SURPRISES

4 personnes.

Préparation:
15 minutes

Ingrédients:
4 petits melons
fraises (petites)
sucre
1 verre de Cointreau

Découpez un couvercle sur le dessus de chaque melon, enlevez les graines et retirez la chair à la petite cuillère en formant des boulettes régulières. Faites macérer plusieurs heures au frais les morceaux de melons et les fraises dans le sucre (au goût) et le Cointreau.

Garnissez l'intérieur des melons avec cette salade de fruits, posez les couvercles et servez frais.

SOUPE À L'OIGNON

3 lbs d'oignons émincés finement
(1½ lbs oignons blancs, 1½ lbs oignons rouges)
1 oz. de beurre
1 gousse d'ail haché finement
1 bouquet garni (composante de persil, branche de céleri thym en branche attachés ensemble)
1 queue de bœuf ou os de bœuf
base de bœuf (bovril)
laurier
sel, poivre
croûtons
fromage, gruyère et casino

Dans un grand chaudron mettre les 2 pintes d'eau froide, le bouquet garni, le laurier, la queue de bœuf ou l'os à soupe, un peu de bovril et faites bouillir le tout.

Pendant ce temps, faites suer (sauter au beurre) les oignons, l'ail. Faites sauter vos oignons une partie à la fois.

Passer au tamis votre bouillon.

Dans une soupière déposez vos oignons, le bouillon, assaisonnez et laissez cuire 30 ou 40 minutes. Dans des petits bols allant au four, mettre les croûtons saupoudrés de gruyère et versez la soupe assez épaisse. Ajoutez le Casino râpé, une noix de beurre et mettre au four à 550°F.

Si je vous suggère le Casino comme fromage c'est qu'il est plus léger que le gruyère. Souvent lors d'un repas la soupe à l'oignon devient un bourratif et c'est dommage. Une bonne soupe ne doit pas nous couper l'appétit.

FÈVES AU LARD

En hommage à ma grand-mère Evelyne, qui de toute la région de Chambly, avait la meilleure réputation de faiseuse de «beans».

1 lb de fèves que l'on fait bouillir environ ½ heure jusqu'à ce que les fèves s'écaillent. Rincer ensuite à l'eau froide.
2 c. à soupe de saindoux «moulonnés» (c. à d. débordantes)
1 tasse cassonade
1 gros oignon haché
2 c. à soupe ketchup rouge
poivre au goût
pincée de moutarde sèche
lard salé coupé en morceaux
jambon (un reste de préférence)

Sur un feu très doux faire une sauce avec le saindoux, ketchup, poivre, moutarde, cassonade.

Dans un pot à fèves ou chaudron, mettez un rang de fèves, de lard, oignons hachés et jambon, répétez l'opération jusqu'à épuisement de vos matières. Rajoutez ensuite la sauce sur le tout. Remplissez votre contenant d'eau froide, l'eau doit dépasser de 2 pouces les fèves.

Mettre au four à 350°F durant 4 heures.

Retirez le couvercle 1 heure avant la fin de la cuisson.

Rajoutez de l'eau bouillante si nécessaire.

Important:
Si Evelyne avait le secret qui lui valut la réputation c'est que d'abord elle n'a jamais fait tremper ses fèves ce qui les rend pâteuses et elle ne s'est jamais servie de mélasse ce qui leur donne un goût de brûlé.

Conseil pratique:
Pas de sel car le lard salé en contiendra suffisamment pour saler vos fèves.

Mangez et... vous m'en direz tant.

RATATOUILLE

Mélange de légumes que l'on peut surgeler et qui remplace bien nos éternelles conserves.

Coupez en morceaux:
Tomates
Aubergines (peler 1 sur 2)
Courgettes (zucchini)
Oignons
Piments rouges et verts

Ail haché finement
Thym, laurier, sel et poivre
Huile d'olive

Faire revenir les oignons et rajoutez les autres ingrédients. Laissez mijoter sur feu doux environ ½ heure.

Vous souvenez-vous Ginette du temps où l'on traitait certaines gens de vieilles ratatouilles, sans savoir au juste ce qu'était la ratatouille?

SOUVENIR D'ITALIE

De la Toscane

Poulet Cacciatore (4 personnes)

4 lbs de poulet en morceaux
2 c. à table d'huile d'olive
1 c. à thé de persil haché
½ branche de céleri haché
½ gousse d'ail haché
1 c. à thé sel
1 pincée de poivre
½ verre de vin blanc sec
2 c. à table d'eau
½ lb de champignons
1 feuille de laurier

Placez le poulet dans une poêle à frire avec l'huile d'olive le persil, le céleri, les champignons, l'ail, le sel, le poivre et brunir votre poulet sur tous les côtés. Rajoutez ensuite le laurier et le vin. Cuire doucement jusqu'à ce que le vin soit presque évaporé. Rajoutez l'eau, couvrir et laissez cuire sur un feu doux environ 30 minutes. Servir.

BEURRE A L'AIL

Cette recette de beurre à l'ail peut être aussi bien préparée avec une margarine de qualité et bien malin qui y verra une différence.

Beurre à la température de la pièce
Ail bien écrasé
Persil haché
Moutarde sèche
très peu de sel d'oignon, une pincée de poivre
Cognac (très peu)

Mélangez jusqu'à ce que le beurre devienne crémeux. Faire fondre au bain-marie, de préférence. Servir avec des crustacés.

PAIN À L'AIL

Utilisez la préparation ci-haut mentionnée.

Badigeonnez votre pain avec le beurre non-fondu et ajoutez du gruyère finement haché sur chacune de vos tranches.

Je vous suggère aussi le fromage Casino car c'est un fromage plus doux que le gruyère.

ESCARGOTS À L'AIL

Même préparation, cependant remplacez le cognac par du Pernod. Le Pernod donne un goût très fin et vos escargots sortiront de l'ordinaire.

FAISAN À LA CHARTREUSE

Pour 4 personnes.

Préparation:
10 minutes

Cuisson:
1 heure

Ingrédients:
1 faisan bardé pour cuire
beurre
1 verre de Chartreuse verte
crème fraîche
sel et poivre

Faites dorer de tous les côtés à la cocotte le faisan dans le beurre chaud, salez, poivrez, arrosez avec un peu de Chartreuse couvrez et faites cuire à feu moyen en arrosant très souvent le faisan avec le reste de Chartreuse.

Flambez en fin de cuisson, liez la sauce avec la crème fraîche. Découpez le faisan, présentez-le sur un plat de service et servez la sauce en saucière.

P.S.: Barder veut dire envelopper de tranches de lard. Certaines charcuteries françaises nous les offrent déjà bardés.

Cette recette peut servir aussi pour un «Chapon».

JARRET DE PORC

1 jarret de porc frais
2 gousses d'ail
beurre
2 c. à soupe d'huile
thym
1 feuille de laurier
2 feuilles de sauge
2 feuilles d'estragon
4 bananes
1 verre d'Anisette
sel et poivre

Dans une marmite faites cuire au court-bouillon pendant 1 heure ou 1½ heures le jarret de porc avec les gousses d'ail épluchées, le thym, le laurier et le poivre. Lorsqu'il est cuit égouttez-le.

Mettez le jarret de porc dans un plat allant au four, tartinez-le de beurre, arrosez avec l'huile, ajoutez les feuilles de sauge et d'estragon et faites dorer à feu chaud, salez et poivrez légèrement. 10 minutes avant la fin de la cuisson disposez autour du jarret les bananes épluchées et coupées en 2 dans le sens de la longueur, arrosez avec l'Anisette et servez chaud.

COTELETTES DE VEAU À LA MOUTARDE

4 côtelettes de veau que l'on cuit avec:
1 c. à soupe de beurre que l'on fait revenir sans le brunir auquel on rajoute 4 parties blanches d'échalotes.
Ensuite 1 verre de crème (16 oz.) 35% que l'on épaissit avec 1 c. à soupe de moutarde forte, sel et poivre. Servir.

Merci à ma grande chum de femme Danielle Arnoldi.

MOULES À L'ITALIENNE

moules (3 pintes environ)
tomates mûres (1 lb environ)
1 petite boîte de concentré de tomates
1 verre de vin blanc assez moelleux
1 verre d'huile d'olive, poivre
1 branche de basilic
1 gros bouquet de persil
3 à 4 gousses d'ail

Lavez les moules. En cocotte faites-les ouvrir sans autre addition. En 20 minutes les coquillages seront à point. Pendant ce temps épluchez les tomates. Coupez-les en deux. Faites sortir les graines. Mettez dans une deuxième casserole. Ajoutez l'huile, le concentré de tomates délayé avec le vin blanc. Poivrez. Laissez cuire pour obtenir une sauce onctueuse. Hachez fin le persil, le basilic et l'ail.

Sur les moules cuites versez la sauce tomate. Ajoutez le hachis d'herbes et l'ail. Laissez cuire 5 minutes. Rectifiez l'assaisonnement et servez aussitôt.

Aline Valois

Quelques recettes
d'ALINE,
une nièce de Tante Annette...

PATATES À L'ITALIENNE

6 grosses patates
3 œufs
¼ tasse de fromage râpé parmesan
sel et poivre
1 Mozzarella

Faire cuire les patates dans de l'eau bouillante, salée. Egoutter et piler.

Ajouter le mélange œufs, fromage, sel et poivre.

Mettre dans un plat la moitié des patates, déposer le mozzarella en tranches (minces), ajouter l'autre moitié des patates.

Cuire au four à 350°F 30 minutes, et faire griller 3 à 4 minutes.

TARALES (BISCUITS ITALIEN)

6 œufs («larges»)
6 tasses de farine
1 tasse de sucre
1 cuillère à thé de vanille
½ tasse d'huile végétale
3 cuillères à table de beurre
3½ cuillères de poudre à pâte
¼ cuillère à thé de sel

Mélanger les ingrédients secs ensemble, faire un trou dans le centre. Mettre les œufs battus, le sucre, l'huile, beurre et la vanille au centre. Mélanger avec une cuillère. Laisser reposer 30 minutes. Faire un rouleau fin avec les mains (la grosseur d'un doigt) et tourner dans une forme de beigne.

Cuire au four à 400°F — 15 à 20 minutes.

Si désiré mettre un glaçage.

AUBERGINES PARMIGIANA

1 grosse aubergine
3 œufs
¼ tasse de fromage râpé parmesan
persil et poivre
1 fromage mozzarella
2 btes de tomates broyées

Trancher l'aubergine et la faire dégorger dans une passoire avec du sel 2 à 3 hres. Essorer avec du papier. Faire frire dans de l'huile, des deux côtés. Faire bouillir deux btes de tomates broyées avec des épices au goût pendant ½ heure.

Mettre les aubergines cuites dans un plat graissé, 1 rangée d'aubergines et déposer un peu de sauce sur chaque tranche d'aubergine, recommencer 3 à 4 fois et finir avec la sauce et le fromage mozzarella tranché mince.

Cuire au four à 350°F 15 à 20 minutes.

LASAGNE

Faire sauce préférée, avec ajouter des boulettes de porc et des saucisses italiennes. Ajouter à la sauce 1 heure avant la fin de la cuisson.

a) **Boulettes**
1 lb de porc haché
3 œufs
¼ tasse de fromage râpé parmesan
persil, sel et poivre
2 à 3 cuillères à soupe de chapelure

Mélanger le tout avec une fourchette. Rouler les boulettes très petites. Faire cuire dans un peu d'huile jusqu'à ce qu'elles soient brûnies. Ajouter la sauce.

b) **Saucisses**

2 saucisses italiennes fraîches

Faire cuire dans un poêlon avec un peu d'eau. Couvrir le poêlon jusqu'à l'évaporation de l'eau. Couper en petites rondelles et ajouter à la sauce.

c) **Lasagnes**

1 paquet de lasagne (Lancia)
3 œufs
¼ tasse de fromage râpé parmesan
persil, sel et poivre
2 Mozzarella (Pastene)

Mélanger les œufs, parmesan et épices dans un bol.

Couper le Mozzarella en tranches très minces.

Faire cuire les lasagnes (à moitié) dans une marmite remplie au 3/4 d'eau salée et avec 2 cuillères à soupe d'huile végétale.

Dans un bol, ou plat carré graissé, couvrir légèrement le fond de sauce (mélange sauce, saucisses et boulettes). Déposer une rangée de lasagnes. Déposer environ 3 à 4 cuillères du mélange d'œuf, parmesan et épices, sur la pâte. Couvrir de tranches de Mozzarella. Mettre la sauce sur le tout. Recommencer le même procédé pour donner 3 rangées de lasagne, finir par la sauce. Couvrir le plat pour les 15 premières minutes de cuisson.

Cuire à 350°F — 35 à 40 minutes, jusqu'à ce que le fromage soit fondu.

RAVIOLI

a) **Pâte**

4½ tasses de farine
6 œufs
3/4 tasse d'eau

Déposer la farine sur l'espace de travail. Faire un trou au centre de la farine et y ajouter les œufs, un à un ainsi que l'eau en petite quantité. Pétrir la pâte avec la paume de la main jusqu'à l'apparition de petites bulles. Rouler la pâte avec un bâton, la rouler très mince.

b) **Filling**

2 rigottes (Saputo)
3 œufs
3/4 tasse de fromage râpé parmesan
sel et poivre

Mélanger le tout ensemble avec une fourchette.

Faire des lisières de pâte d'environ 3" x 6". Remplir avec une cuillère à soupe de filling en la déposant d'un côté du morceau de pâte et la replier sur elle-même.

Déposer les raviolis, un à un, sur un espace de travail enfariné jusqu'au moment de la cuisson. Faire cuire dans une grande marmite remplie au 3/4 d'eau salée, faire bouillir, ajouter 2 cuillères à soupe d'huile végétale, laisser cuire jusqu'à ce que les côtés soient tendres.

Après cuisson, avant de déverser, remplir la marmite d'eau froide (ajouter à l'eau bouillante et pâtes), ensuite égoutter et servir avec sauce préférée.

Quantité: environ 42 raviolis

SAUCE À LA VIANDE ET AUX TOMATES

4 cuillères à soupe de «Crisco» (graisse végétale)
1 tranche de bœuf en palette 3/4" d'épaisseur coupé en morceaux
1 gousse d'ail haché fin
1 purée de tomate délayée dans
1 tasse d'eau bouillante ou chaude
3 boîtes de tomates broyées
sel, poivre, persil, basilic, oregano, feuille de laurier, piment sec, sarriette (1 pincée de chaque)

Faire fondre le Crisco dans une marmite, ajouter la viande et faire brûnir des deux côtés. Ajouter l'ail haché. Verser la purée de tomate sur la viande, laisser mijoter pendant une ou deux minutes. Verser les tomates broyées et les épices. Laisser mijoter à feu lent pendant 3½ heures.

Jean-Guy Thibodeau

Gaston L'Heureux

GASTON L'HEUREUX

«En matière érotique, il était toujours ce médecin qui avait jadis recommandé à ses malades les réconforts de l'amour, comme en d'autres occasions on leur recommande du vin. Ces brûlants mystères lui semblaient encore pour nombre d'entre nous la seule accession à ce royaume igné dont nous sommes peut-être d'infimes étincelles, mais cette remontée sublime était brève, et il doutait à part soi qu'un acte si sujet aux routines de la matière, si dépendant des outils de la génération charnelle ne fût pas pour le philosophe une de ces expériences qu'on se doit de faire pour ensuite y renoncer. La chasteté, où il avait vu naguère une superstition à combattre, lui semblait maintenant un des visages de sa sérénité: il goûtait cette froide connaissance qu'on a des êtres quand on ne les désire plus.»

Marguerite Yourcenar

C'est avec cet exceptionnel cadeau, que m'a offert Gaston L'Heureux, «L'Œuvre au Noir» de Marguerite Yourcenar, de l'Académie française, qu'a débuté notre amitié.

La lecture de ce livre m'a fait découvrir un Gaston que j'étais loin de soupçonner malgré l'intuition que je me prête.

Je perçus un Gaston tout autre que celui avec qui j'avais l'habitude de badiner dans les couloirs de Radio-Canada entre les répétitions des «Coqueluches».

La pensée que cet être si profond, et qui pourtant savait être si moqueur parfois, était mon ami, m'enchantait...

Nous n'avons pas eu besoin de parler ou de nous voir très souvent pour sentir notre amitié fleurir...

Et, chaque fois que la vie nous fait nous rencontrer, nous avons la sincère conviction que nous sommes véritablement heureux de nous voir l'un et l'autre.

A l'occasion du «2e Symposium Esotérique à Montréal» dont j'ai eu l'honneur d'être la «marraine», Gaston nous a reçus Pierre Beauregard, l'organisateur et moi avec sa simplicité naturelle dans son petit studio à C.J.M.S.

Une fois de plus, à l'écouter parler, il me laissait entrevoir cette partie de lui-même qui s'intéresse fortement à tout ce qui est grand, à tout ce qui est vrai. Ce qui n'a contribué qu'à resserrer cette belle Amitié qui est la nôtre.

Le 6 octobre dernier, jour de mon anniversaire, j'attendais mon prof d'Islam, André Dirlik en face de l'Université du Québec, quand je vis venir vers moi un Gaston tout souriant.

Bien sûr, nous avons pris le temps de nous serrer dans les bras l'un de l'autre, heureux de nous retrouver à nouveau... Puis, tout à coup, c'est comme si nous avions voulu tout nous dire à la fois: nos projets, nos occupations présentes et futures, je partais donner conférences et tour de chant en Europe le lendemain, il me questionna comme toujours sur mes amours etc...

Mais en le voyant si «bien portant» un éclair me traversa l'esprit: je lui demandai s'il était cuisinier... car je devais remettre à ma maison d'édition un livre début février intitulé «Les Meilleures Recettes de mes Amis». «Je te ferai parvenir mes recettes avec plaisir me répondit-il...»

Je ne l'ai pas revu depuis, mais Gaston est un homme de parole. Aujourd'hui, 20 janvier, je reviens d'Haïti, et ses recettes sont bien arrivées ainsi que la photo demandée.

Au nom de nos lecteurs et lectrices, Gaston, je te dis un gros Merci pour ton apport.

Et je nous répète à toi et à moi ce que notre amie commune, Marguerite Yourcenar à qui j'ai eu le plaisir d'aller porter mes livres et mon dernier disque l'été dernier à sa maison d'Ellsworth aux Etats-Unis, a su si bien écrire sur l'Amitié dans «Les Yeux Ouverts»: «Toute amitié véritable est un acquis durable. Même après vingt-cinq ans d'absence, on s'embrasse inchangés.

Je crois d'ailleurs que l'amitié, comme l'amour dont elle participe, demande presque autant d'art qu'une figure de danse réussie. Il y faut beaucoup d'élan et beaucoup de retenue, beaucoup d'échanges de paroles et beaucoup de silences. Et surtout beaucoup de respect.»

TERRINE DE CANDIDE

2 livres de foie de veau haché
ou de foies de poulet hachés
2 lbs de lard frais haché
1 oignon émincé revenu dans du beurre
½ lb de champignons émincés revenus dans du beurre
1 cuillerée à thé de muscade
½ cuillerée à thé de macis
½ c. à thé de cannelle
½ clou de girofle en poudre
2 œufs légèrement battus
2 c. à thé de sel
¼ c. à thé de poivre noir
bardes de lard frais, très minces
bouquet garni: thym, laurier, persil

Chauffer le four à 300°F. Mêler le foie et le lard, ajouter l'oignon, les champignons, les épices, les œufs, le sel, le poivre et mélangez bien le tout. Dans une terrine de deux pintes placez les bardes de lard. Placez dans la terrine sur le bouquet garni et l'ail. Couvrez hermétiquement et poser dans une lèchefrite contenant de l'eau à mi-hauteur du moule. Cuire pendant 2 heures. Laissez ensuite la préparation sur une planche à découper. Garder à la température de la pièce pendant 2 heures puis placer au frigo.

Cela se congèle entre 5 et 6 semaines.

Schmidt

ROGNONS GASTON

2 échalotes hachées
4 gros rognons de veau coupés en dés
3 noix de beurre doux
1 paquet de champignons frais
vin blanc (bordeaux sec)
sel et poivre
moutarde forte de Dijon
crème 35% (selon votre goût)

Faire sauter les rognons au beurre. Laisser à peine dorer. Il faut que l'intérieur soit rouge. Saler et poivrer. Ajouter les échalotes. Faire sauter légèrement (dorer) les champignons et les ajouter.

Quelques rasades de vin blanc pour dégraisser. Laisser évaporer. Ajouter la crème... la quantité que l'on juge nécessaire et y incorporer la Moutarde de Dijon... au goût.

EMINCÉ DE VEAU ZURICHOIS

2 livres de veau découpées en lamelles
3 cuillerées à soupe d'huile de Tournesol
sel
poivre noir du moulin
¼ de cuillerée à thé de graines de carvi écrasées
1 cuillerée à soupe de beurre
1 gros oignon coupé en dés
½ livre de champignons frais
2 tasses de vin blanc sec
1 chopine de crème à 35%

Faire sauter les lamelles de veau dans l'huile, ajouter le poivre, le sel et les graines de carvi. Retirer la viande et ajouter le beurre pour y faire revenir l'oignon. Ajoutez les champignons et faites dorer puis le vin et la crème. Assaisonnez et versez sur le veau... Magnifique.

SAUCE À SPAGHETTI «FELICE» (L'Heureux)

1 gros oignon d'Egypte ou d'Espagne
2 gousses d'ail
1 bte de champignons entiers
1 bte de tomates italiennes
1 bte de jus de tomate
1 bte de pâte de tomate
2 clous de girofle
3 feuilles de laurier
3 à 4 piments séchés ou en bocal
1 cuillerée à soupe de sauce Worcestershire
1 cuillerée de concentré de bouillon de poulet
1 cuillerée de concentré de bouillon de bœuf
3/4 lb de bœuf haché
3/4 lb de porc haché
si vous voulez 3/4 de livre de veau haché, mais ajoutez à la recette 1 bte de jus de tomate
1 grosse boîte de salade de fruits
2 onces de Cointreau

Faire d'abord cuire la viande en la faisant saisir et ajouter graduellement les ingrédients. Laisser cuire à feu doux pendant 2 hres... Merveilloso!

SALADE DE FRUITS FOUS

3 pommes
1 ananas
3 pamplemousses
3 grosses oranges
3 poires
1 bte de pêche
raisins verts (1 lb)
raisins bleus ou autres (1 lb)
cerises de France ou Marashino (1 bocal)
1 litre de jus d'orange
1 litre de jus d'ananas
3 kiwis
2 citrons
2 bananes en dés
selon la saison, fruits exotiques que l'on trouve:
mangue, melon ou cantaloup, lichées etc.

Ajouter:
1 once de Mandarine
Cointreau
Cognac
Triple-sec
Liqueur de poire ou autre

Ajouter une cuillerée à soupe de fleur d'oranger ou d'eau de rose.

Laisser mijoter 6 hres avant de servir.

L'enthousiasme sera à son comble et vous serez le dieu de la soirée.

Pour redonner vigueur

MOUSSE SYLLABUB

Ingrédients:

1 citron
1 tasse de sherry semi-sec
2 cuillerée à soupe de cognac
2 tasses de crème à fouetter
1 blanc d'œuf
2 cuillerée à soupe de sucre
1 c. de plus pour la chance
½ cuillerée à thé de muscade

Zestez le citron sans enlever la couche blanche interne et laissez tremper le tout dans le sherry pendant 12 heures.

Retirez le zest et ajoutez au sherry cognac, crème à fouetter, blancs d'œufs battus et le sucre.

Battez au fouet jusqu'à consistance ferme. Mais pas trop. Versez dans des coupes à parfait, laissez reposer au frigo pendant au moins 5 heures.

Prenez garde à votre foie... et aussi méfiez-vous parce que ce dessert a un goût quelque peu amer. Goûtez et ajoutez du sucre pour ne pas être déçu.

GÂTEAU AU FROMAGE «BROTT»

Recette de Madame Brott, violoncelliste à l'OSM et épouse d'Alexander, directeur de l'Orchestre de Musique de Chambre McGill.

3 gros paquets de fromage à la crème (Philadelphia)
650 g ou deux gros et un petit pot de crème sûre
3 œufs
1 tasse de sucre
1 c. à tb. de farine
2 c. à tb. de fécule de maïs
1 citron (jus et zest)
2 c. à thé de vanille

Battre ensemble le fromage et les jaunes d'œufs et ajouter tous les autres ingrédients. Mêler les blancs d'œufs jusqu'à ce qu'ils soient fermes et les ajouter au premier mélange.

Verser dans un moule à fond bien graissé et cuire au four à 350°F pendant 1 hre.

Ginette Ravel

SALADE «VÉRITÉ»

1 laitue Boston
1 piment vert
estragon frais
champignons hachés fins
persil frais
raisin rouge
1 orange en quartiers
1 pomme en morceaux

Vinaigrette:
3 huiles pour 1 vinaigre, comme me l'a enseigné «l'Ex-gros»

ROD TREMBLAY

C'est à dire:
3 cuil. à table d'huile
1 cuil. à table de vinaigre de vin
moutarde sèche au goût
1/4 cuil. à table de miel ou plus, selon le goût
2 gousses d'ail
fines herbes à votre discrétion
poivre en grain

Mélangez le tout, vous pouvez ajouter ou servir avec Noix et Fromage.

P.S. La vinaigrette ne fait pas mentir...

S. Schmidt

LAPIN À LA «RAVELOISE»

Lapin d'un kilo ou plus
4 grosses tomates ou une grosse boîte de tomates
4 gousses d'ail
persil
1 piment vert
1 piment rouge
1 verre de vin blanc
1 livre de pepperoni
1 oignon
1 cuil. à table de sauce tomate
thym-basilic-cerfeuil-estragon-sel-poivre

Marinade:
½ tasse de vin blanc
½ tasse d'huile
1 carotte coupée en rondelles
1 oignon haché
persil frais
estragon séché si possible et non en poudre
poivre et sel marin

Amener tous les ingrédients au point d'ébullition et refroidir.

Préparation:
Dépecer le lapin en 8 morceaux, (vous pouvez vous procurer du lapin au Marché Atwater), le faire mariner pendant 4 à 12 heures.

Enlever le lapin de la marinade, assécher un peu avec du papier à mains, ensuite enfariner légèrement (une manière facile d'enfariner, c'est de mettre de la farine dans un sac brun, il suffit de déposer un morceau et de secouer le sac, et le tour est joué).

Dans une poêle en fonte faire brunir les morceaux de lapin dans un peu d'huile, avec 2 gousses d'ail et l'oignon, quand les morceaux sont bien saisis et qu'ils commencent à dorer, ajouter la moitié des champignons et la moitié du pepperoni sur le lapin, laisser cuire à feu moyen pendant au moins 20 minutes.

Sauce:

Pendant que le lapin se fait dorer, dans un cocotte émaillée mettre les tomates, si vous prenez la boîte de tomates, ne mettez pas le jus, ajouter les piments hachés, les 2 autres gousses d'ail, le verre de vin blanc, le persil, laisser à feu moyen, en attendant que le lapin soit prêt, et ajouter la sauce tomate.

Quand les morceaux sont dorés à votre goût, les déposer dans la sauce et rajouter les épices suivantes:

1 cuil. à table de thym
1 cuil. à table de basilic
1 cuil. à table de cerfeuil
1 cuil. à table d'estragon

Cuire à feu très doux pendant 2 heures ou jusqu'à ce que le lapin se défasse avec une fourchette et qu'il soit bien tendre.

Suggestion: Vous pouvez remplacer le lapin par du poulet...

SALADE DE THON ET MACARONI AUX ÉPINARDS

Recette inspirée des Weight Watchers.

Salade:

1 boîte de thon
½ tasse de céleri coupé en petits dés
2 cuil. à table de piment vert coupé en petits dés
1 tasse de macaroni aux épinards cuits
rondelles d'oignons

Vinaigrette:

1 cuil. à table de mayonnaise
2 cuil. à table de lait
1 cuil. à thé de vinaigre de cidre
5 à 6 gouttes de succédané de sucre liquide ou à défaut prenez du miel
poivre moulu

Mélanger le tout et décorer le dessous du plat avec des rondelles d'oignons rouges et blancs.

Serge Turgeon

SERGE TURGEON, L'AMI DE MON CŒUR...

«Mon cœur te remercie du bonheur procuré par la découverte que tu lui offres de la Paix, de la Quiétude, de la Vie...

... avec toi, mon âme s'élève et j'ai comme l'impression de me rapprocher davantage de Dieu, mon Père...

Je prie Dieu pour qu'Il persiste à alimenter cette flamme qui t'habite, pour que tu perpétues éternellement ce rayon de Lumière que tu projettes...»

Serge.

Janvier 78 — J'étais en pleine écriture de «Je vis mon Alcoolisme». J'avais élu domicile chez mon ami coiffeur Michel Bazinet, dans sa magnifique demeure, rue Dorchester à Westmount. Je retournais dans mes neiges des Laurentides durant les week-end.

Un soir, je ne sais quelle force m'a poussée, puisque je n'avais jamais l'habitude de sortir et surtout pas dans des discothèques, mais me voilà entrouvrant la porte du «Privé», petit club bien connu à l'époque.

Je m'assieds au bar, commande un «perrier» citron et jette un coup d'œil furtif autour de moi. Quel garçon magnifique se trouvait juste là, près de moi, assis à ma gauche!...

Plus tard, il m'avouera: «J'allais justement quitter la place quand je t'ai vue entrer. Et je me suis dit: «Quelle femme merveilleuse!... et je suis resté.»

Nous avons parlé, beaucoup parlé... surprenant de ma part. Je suis plutôt du genre sauvage, pas du tout sociable dans des circonstances semblables. Il m'est très difficile d'entrer en conversation avec quelqu'un surtout dans ce genre de place. Mais je voyais en ce garçon quelque chose de très beau, voire de précieux...

Et, m'est revenu à la mémoire ce mot que mon ami Maxime Mazaltarim m'avait envoyé un jour:

«L'essence de tous les objets visibles possède
selon chaque objet des qualités
et des images différentes.
La racine de la voix change selon la joie ou la souffrance.
Cette profondeur est le monde
de la combinaison des éléments,
dans toutes les directions, dessus, dessous, au milieu.
Mais en présence de la Lumière, les objets sont clairs,
et dans leur position existentielle,
Nous pouvons discerner ce qui est Pur
ce ce qui est souillé...»

Et, ce soir-là, j'avais conscience que je me trouvais en présence de la Lumière... Et je pouvais nettement distinguer ce qui était Pur de ce qui était souillé...

Novembre 81 — Encore là, je ne suis absolument pas la fille à courir les cocktails de presse mais ce jour-là, je me retrouve à «deux» cocktails de presse coup sur coup.

Le deuxième était offert par mon ami Pierre Beauregard de la librairie Esotérique. J'ai eu la grande joie d'y entendre l'extraordinaire chanteuse noire, Amanda Ambrouse, spécialiste du «blues».

Dans le courant de la soirée, je discutais avec des journalistes lorsque soudain, j'entendis: «Allo belle fille!...» Je lève la tête en direction de la voix entendue et je me dis: «Quel beau gars, mais où ai-je connu ce garçon?...» Il me sourit, me dit son nom: «Serge Turgeon»...

Je le replace immédiatement et lui saute au cou tellement je suis heureuse de le retrouver.

Nous parlons de choses et d'autres, entre autres de la Galerie Colbert, galerie d'art dont il s'occupe depuis huit ans et qu'il songe à quitter pour ouvrir sa propre galerie: la «Galerie Serge Turgeon», il va se soi...

Le lendemain soir à l'Habitat St-Camille, il était dans l'assistance pour l'enregistrement du «Spécial Ginette Ravel» émission d'une heure qui devait être diffusée la veille de Noël à l'antenne de Radio-Canada.

Depuis, et bien avant d'ailleurs, Serge fait partie des amis chers à mon cœur, et cela dans l'éternité.

En janvier dernier, nous partions avec deux autres de mes amis pour Haïti, mon pays d'adoption. Serge a connu mes «hauts» et mes «bas». J'entends par cela, qu'il a compris ce que voulait dire mon très cher ami, le Docteur Yves Jean-Pierre, lorsqu'il m'appelle la fille aux «grandes oscillations», c'est-à-dire que ma nature a besoin de connaître de grands bonheurs et de grands moments de mélancolie.

A cette occasion, Serge a vécu et accepté les moments de tension que j'ai eu à surmonter avant le spectacle donné à Port-au-Prince. Il a compris ce que c'était que le «trac»...

Qu'est-ce que le trac?
Sinon cette sensation si forte
Qui nous fait trembler tout le dedans
Tel se déchaîne l'ouragan
Un bel après-midi de juillet
Lorsque la chaleur pèse
Qu'on a peine à se retourner
Un bel après-midi si chaud
Que le temps «mort»
Semble s'arrêter
Sur la dernière note du piano

Qu'est-ce que le trac?
Sinon la crainte de lever l'ancre
Se laisser ballotter par les flots
Sans savoir la destination du port
Avancer dans la désespérance
Sans voir luire la lumière du fort
Dériver vers un autre monde
Un monde où on ne connaît personne

Répondra-t-on à votre appel?
A vos tourments, à vos sanglots
A votre paix et votre joie profonde...

Merci mon Ami, de m'accepter telle que je suis, dans l'ombre et les ténèbres comme en pleine lumière du soleil...

Et maintenant que ceux et celles qui nous lisent connaissent cette grande Amitié qui nous lie, je suis assurée que tous seront curieux d'essayer les plats que ta maman t'a préparé tout au long de ton enfance et de ton adolescence afin d'obtenir un garçon aussi beau que toi, de l'intérieur comme de l'extérieur...

«POULET AUX AMANDES»

2 poitrines de poulet
1 c. à table de fécule de maïs
1 c. à table de sherry
1 tranche de gingembre émincé
1 c. à table de sauce soja
1 échalote coupée en morceaux de 1/4 pce
1/4 tasse d'huile d'arachide
1 poivron vert coupé en petits morceaux
6 marrons coupés en tranche de 1/8 pces
1/4 livre de champignons frais ou en conserve
1/2 c. à thé de sel
2 c. à table de sauce Haisin (facultatif)
1/4 t. d'amandes grillées
1/4 à 1/2 tasse de bouillon de poulet et de bœuf

Désosser le poulet et couper en morceaux de 1 pouce. Le faire mariner dans la fécule de maïs, le sherry, le gingembre et la sauce soja.

Faire sauter les champignons, les marrons, le poivron et le sel dans 1 c. à table d'huile de 2 min. à 2 min. 1/2.

Ajouter un peu de bouillon (2 c. à table) pour empêcher de brûler et retirer les légumes.

Ajouter dans la poêle 2 c. à table d'huile et faire sauter le poulet avec l'échalote.

Ajouter 2 c. à table de bouillon.

Frire jusqu'à ce que le poulet soit blanc et tendre.

Mélanger les légumes au poulet et cuire 1 à 2 minutes.

Ajouter la sauce haisin (facultatif) et cuire 1 minute.

«RIZ FRIT À LA CHINOISE»

3 c. à table d'huile d'arachide
½ c. à thé de sel
3 tasses de riz cuit (faire cuire la veille et réfrigérer, si possible)
2 œufs
2 branches d'échalotes hachées finement
1/3 tasse de jambon coupé en petits morceaux (poulet ou crevettes)
sauce soja

Chauffer 1 c. à table d'huile d'arachide et y faire cuire une omelette très mince faite avec 2 œufs.

Chauffer dans une grande poêle 2 c. à table d'huile et y faire sauter le riz frit, les échalotes, le sel, le jambon ou poulet ou crevettes.

Couper l'omelette en petits morceaux et l'ajouter au riz ainsi que 2 à 3 c. à table de sauce soja.

Servir très chaud.

Délicieux!

A noter: Le riz doit être doré et non brun foncé après avoir ajouté la sauce soja.

«TARTE AU SUCRE»

½ tasse de crème à 15%
½ tasse de lait
1 œuf battu
2 tasses de cassonade mélangée avec
2 c. à soupe de farine
beurre (gros comme 1 œuf)

Chauffer tous ces ingrédients jusqu'à ébullition.

Mettre dans une croûte de tarte cuite à 375°F jusqu'à ce que ce soit brun doré et croustillant sur le dessus.

«ROTI DU ROI»

I. Sur feu vif ou au four préchauffé à 500°F; saisir votre rôti durant 10 à 15 min. et tourner pour faire prendre couleur. Retirer du feu.

II. Faire fondre 1/4 tasse de beurre mélangé avec margarine (ou sans) jusqu'à ce que brun roux. Badigeonner le rôti et le passer dans le mélange suivant:

1 c. à table de farine
1 c. à thé de sucre
1 c. à thé de sel
1 c. à thé de moutarde sèche

III. Placer le rôti dans la lèchefrite. Ajouter le reste du badigeon, le persil, l'oignon tranché et un peu de poivre blanc.

N.B.: Si on préfère le poivre noir, l'ajouter vers la fin de la cuisson (pas plus de 20 min. avant).

IV. Mettre au four préchauffé à 325°F

12min / livre = saignant
15 min / livre = médium
18 min / livre = bien cuit

V. Lorsque la cuisson désirée est obtenue, garder au chaud le laissant au four à 225°F.

Déglacer le fond de la cuisson avec 1 verre de vin (facultatif), 1 cube oxo fondu dans 1 tasse d'eau bouillante et laisser refroidir. Epaissir avec de la farine et de l'eau si nécessaire.

GÂTEAU AU CHOCOLAT ALLEMAND

1 carré de chocolat
½ tasse d'eau bouillante
¼ tasse de shortening
1 tasse de sucre
¼ c. à thé de sel
1 tasse de farine
3/4 c. à thé de soda à pâte
¼ tasse de lait sur
1 œuf battu

Faire fondre le chocolat, shortening et l'eau au bain marie. Ajouter le reste des ingrédients un à un. Bien mélanger. Cuire au four 30 min. à 350°F.

Glaçage

6 c. à table de margarine
2/3 tasse de sucre brun
¼ tasse de lait
½ tasse de coconut

Bien mélanger le tout. Etendre sur le gâteau cuit. Faire dorer au four à 350°F ou à broil en surveillant.

En novembre dernier, le directeur de la fameuse revue «Le Lundi», Claude Charron, m'a demandé si je voulais bien prendre la responsabilité de répondre à une page de courrier sur la spiritualité. Après mûre réflexion, j'ai répondu: «Oui.».

Un jour, une lectrice m'a écrit afin de savoir ma «Recette du BONHEUR». Je lui ai dit que je profiterais de ce livre «Les Meilleures Recettes de Mes Amis» pour la communiquer à tous ceux et celles qui voudraient en profiter.

Voici donc ce que j'essaie de mettre en pratique à chacune des journées que «je vis», puisque demain est inexistant...

MA RECETTE DU BONHEUR

Entrée:

100 gr de SOURIRE
125 gr de CALME et TRANQUILLITÉ
200 gr de GRATITUDE

Plat principal:

10 tranches de FORCE
3 tasses de VIGILANCE
½ litre de COURAGE
1 litre de TRAVAIL

Salade:

250 gr d'ESPERANCE
350 gr d'ABNEGATION
1 kilo de FOI

Dessert:

150 gr d'ENTHOUSIASME
300 gr d'HARMONIE
950 gr d'AMOUR

...et souvenez-vous: je ne grimpe plus dans les rideaux pour chercher le BONHEUR... j'ACCEPTE la vie telle qu'elle se présente...

SOYEZ HEUREUX!!!

Ginette Ravel

IMPRIMÉ AU CANADA

6818